De Claire Pinson, aux éditions Leduc.s

Mes petites recettes magiques au son d'avoine, 2010.

Retrouvez nos prochaines parutions, les ouvrages du catalogue et les événements à ne pas rater sur notre site Internet. Vous pourrez également lire des extraits de tous nos livres, recevoir notre lettre d'information et acheter directement les ouvrages qui vous intéressent, en papier et en numérique !

À bientôt sur www.editionsleduc.com

Découvrez également toujours plus d'astuces et de bons conseils malins sur : **www.quotidienmalin.com** et la page Facebook « Quotidien Malin ».

Maquette : Sébastienne Ocampo
Illustrations : Fotolia

17, rue du Regard
75006 Paris – France
E-mail : info@editionsleduc.com
ISBN : 978-2-84899-591-5

Quotidien Malin est une marque des éditions Leduc.s

SERVANE VERGY CLAIRE PINSON

MES PETITES RECETTES MAGIQUES APHRODISIAQUES

QUOTIDIEN MALIN
ÉDITIONS

Nous tenons à remercier Hugo, le fils de Claire, qui nous a aidées à inventer des recettes explosives. Ses petites amies ont été ivres de reconnaissance à son égard… bravo à lui !

SOMMAIRE

INTRODUCTION

Le droit à une sexualité épanouie n'a jamais été aussi accessible. C'est le plaisir à la carte ! Chacun – en couple ou non – veut sa part du délicieux gâteau, avec la cerise par-dessus, si possible ! Pourtant, il arrive que l'on reste sur sa faim : on est déçu parce que l'on ne se sent pas à la hauteur… ou parce que le/la partenaire ne possède pas le même appétit ! Parfois aussi, on est tellement débordé par le travail, le stress et les soucis, que le désir se met au jeûne. Et puis on testerait bien de nouvelles saveurs… mais on n'ose pas. Pas de panique ! On vous a concocté une multitude de recettes aux petits oignons pour vous donner le frisson !

Vous trouverez dans cet ouvrage des recettes aphrodisiaques qui vous permettront :

- de connaître la liste incontournable des boosteurs naturels de libido, évidemment sans danger pour votre santé ;
- de prendre du plaisir à les mitonner (tout en sachant que vous allez ET vous régaler, ET donner un bon coup de fouet à votre désir et à celui de votre victime consentante) ;
- de réveiller les appétits quelque peu flapis par les événements coupe-faim du quotidien ;
- de stimuler l'endurance de Monsieur et l'envie de Madame ;
- de faire du bien à votre joli corps car, hormis leurs vertus hot, hot, hot, les aliments aphrodisiaques sont excellents pour la santé.

En encadré, vous aurez droit à quelques recettes historiques de philtres d'amour et autres élixirs censés réveiller le plus froid/la plus froide des partenaires, ainsi que quelques recettes de magie blanche traditionnelle sorties de vieux grimoires… Il ne coûte rien d'essayer !

Allez, haut les cœurs et, oserons-nous, pas seulement les cœurs ! ☺ À vos fourneaux pour vous lancer dans la cuisine coquine !

Bon appétit !

LES APHRODISIAQUES DANS NOTRE ASSIETTE

UNE PRATIQUE QUI NE DATE PAS D'HIER

Comme vous le savez peut-être, le terme « aphrodisiaque » nous vient du nom de la déesse de l'amour, Aphrodite. Chocolat, bois bandé, maca, gingembre, asperge, ail, piment… On consomme des aliments aphrodisiaques depuis la nuit des temps ! Censés booster la libido, favoriser la fécondité, augmenter la spermatogénèse, bref, améliorer la qualité des relations sexuelles, on les conjugue à tous les modes et à tous les temps !

Ce n'est vraiment pas une pratique récente ! On dit qu'un célèbre chef d'État, désespéré de ne pas réussir à féconder sa compagne (il leur fallait à tout prix un héritier), demanda à l'un de ses sous-fifres son secret pour semer des bâtards à tous les coins de lit. « De l'ail ! lui conseilla celui-ci. De l'ail au souper chaque soir ! » Et vous savez quoi ? Notre dirigeant suivit ses conseils, et sa dame tomba enceinte en moins de temps qu'il ne faut pour le dire !

Le Marquis de Sade a voulu lui aussi profiter des fameux bienfaits de ces aphrodisiaques ; son nom est définitivement associé à la mouche cantharide, car il offrait des bonbons en contenant à ses partenaires. Seulement voilà, cette mouche contient une substance qui n'a pour effet que de provoquer une inflammation des voies urinaires (ce qui n'est pas du tout le but recherché). Ceci valut au Marquis de se retrouver en prison ! Pas mieux pour Félix Faure, qui décéda durant l'amour, soi-disant après avoir absorbé de la poudre d'ailes de mouches cantharides. Ne touchez pas à cette horreur !

Nous n'avons pas énuméré dans cet ouvrage la liste exhaustive des aphrodisiaques, certains s'avérant douteux, dangereux, difficiles à cuisiner ou contraires à notre éthique. Savez-vous que, sous prétexte que leurs ailerons détiendraient des vertus aphrodisiaques, on pêche dans certains pays les requins, on leur coupe les ailerons et on les rejette à la mer, les condamnant à une mort lente et douloureuse (tout ça pour un petit orgasme… pitié pour les requins). Idem pour les rhinocéros, massacrés pour leur corne à la forme phallique, que l'on réduit ensuite en poudre, espérant choper une érection à la Rocco… Non, laissez-les vivre, mangez plutôt de l'aneth, buvez du champagne et régalez-vous d'épices !

Méfiez-vous également des produits miracles vendus sur Internet, on ne sait pas ce qu'ils contiennent (poudre de perlimpinpin au mieux, substances toxiques interdites à la vente en France au pire, par exemple dans ces fameux poppers en vente libre sur des sites étrangers). Essayez donc nos recettes, c'est plus sûr ! Et pour couronner le tout, elles vous donneront la pêche et une santé de fer, la peau douce, le cœur en pleine forme, amélioreront votre transit… Bref, que du bonheur !

LES APHRODISIAQUES, INFO OU INTOX ?

Les aphrodisiaques nous font tous rêver… Est-ce que vous vous rendez compte ? Des substances magiques seraient capables de relancer le désir au sein du couple après cinq, quinze, trente ans de vie commune ? Même si on sait bien qu'avec le temps et les habitudes, le désir s'émousse, rien que le fait de prononcer le terme « aphrodisiaque » provoque sourires coquins, gloussements complices et émoustillage à tous les étages ! Entre nous, si vous accueillez votre partenaire en lui annonçant d'un ton suave, une jolie coupette de champagne rosé à la main, que vous lui avez préparé avec amour (et totale dévotion) un menu aphrodisiaque, il se peut fort que la température monte d'un cran, comme par miracle.

Même s'ils stimulent l'imaginaire, les aphrodisiaques ne sont pas des substances placebos, bien au contraire. Certains de leurs composés ont la propriété de booster la libido, chacun à sa façon. Petit récapitulatif de ces ingrédients miracles :

La vitamine B6

Elle détient la propriété d'améliorer l'humeur et le moral et de favoriser la sécrétion de dopamine, l'une des neurohormones pouvant jouer un rôle dans l'intensité du plaisir. On en trouve dans :

- la banane ;
- le céleri ;
- le chocolat ;
- l'épinard ;
- la noix de muscade ;
- le safran ;
- le thym ;
- le vin.

Le magnésium

Il joue un rôle important sur l'équilibre nerveux et l'humeur. Quelle fille ne s'est jamais descendu sa plaquette de chocolat noir (bourré de magnésium) devant la télé les soirs de déprime ? Les sources de magnésium sont :

- le chocolat, bien sûr ;
- le clou de girofle ;
- l'huître ;

- la noix de muscade ;
- le pignon de pin ;
- le safran ;
- le thym ;
- le vin.

Le zinc

Cette substance a la réputation de stimuler la production de testostérone, une hormone sécrétée par l'homme, bien sûr, mais aussi dans une moindre mesure par la femme. Et comme il s'agit d'une hormone sexuelle boostant le désir, gavons-nous-en sans vergogne en consommant :

- l'huître ;
- le pignon de pin ;
- le thym.

L'histidine

Cet acide aminé essentiel aurait la vertu de favoriser la satisfaction sexuelle, de stimuler les zones érogènes. Où en trouver ?

- L'huître est la source d'histidine la plus réputée.

La vitamine E

Outre ses capacités antioxydantes, la vitamine E aurait une action bénéfique sur la spermatogénèse. Produisez donc, Messieurs, toutes ces petites graines, en vous régalant de :

- chocolat ;
- pignon de pin.

L'apigénine

Cette substance antioxydante aurait également un effet bénéfique sur la spermatogénèse. Où en trouver ? Dans :

- le céleri.

Les endorphines

L'hormone du plaisir est sécrétée de manière plus abondante quand on consomme :

- le piment.

Le fer

Consommer du fer contenu dans nos aliments aphrodisiaques aurait une influence positive sur la circulation sanguine, et donc sur l'irrigation du corps tout entier en général, et des organes intimes en particulier. Mangez donc :

- des pignons de pin ;
- du poivre ;
- du thym.

Le manganèse

Le manganèse a la réputation d'agir sur la synthèse des hormones sexuelles, masculines et féminines. Vous en trouverez en quantité non négligeable dans :

- le poivre.

Les composés aux propriétés vasodilatatrices

Ils jouent un rôle bénéfique dans la stimulation de la circulation sanguine et permettent donc une bonne irrigation des organes génitaux. Ce sont :

- l'ail ;
- le céleri ;
- le gingembre ;
- la noix de muscade ;
- le piment.

Les phytœstrogènes

Substances proches des hormones féminines, elles sont censées, entre autres bienfaits, booster la libido de ces dames. Vous en trouverez dans :

- l'asperge ;
- la coriandre.

La vitamine C

Elle possède toutes les qualités ; retenons ici ses propriétés stimulantes et antioxydantes. Vous en puiserez dans :

- l'abricot ;
- la banane ;
- la cannelle ;
- l'épinard ;
- la figue ;
- l'huître ;
- la menthe ;
- la noix de muscade ;
- le piment ;
- le poivre ;
- le safran ;
- le thym.

Le potassium

Il est réputé pour booster la sécrétion de testostérone, une hormone fabriquée par l'homme, mais également par la femme, et qui joue plutôt positivement sur le désir… Mettez vite au menu :

- la banane ;
- le clou de girofle ;
- la menthe ;
- la noix de muscade ;
- le poivre ;
- le safran ;
- le thym ;
- le vin.

La bromélaïne

Très réputée pour aider à la digestion des protéines et calmer les œdèmes, elle nous intéresse ici car elle boosterait la libido de ces dames. On en trouve principalement dans :

- l'ananas ;
- la banane.

La caféine

Pour passer une nuit à faire des câlins plutôt coquins, misez sur la caféine que vous trouverez, avec une multitude d'autres substances aphrodisiaques, dans :

- le chocolat.

La théobromine

Outre ses pouvoirs diurétiques, elle a des propriétés vasodilatatrices et cardio-stimulantes, ce qui ne gâche rien pour réussir à tenir la barre toute la nuit et réussir sa croisière d'amour ! Régalez-vous-en tout simplement en dévorant sans complexes l'un de vos aliments favoris :

- le chocolat.

La phényléthylamine

Elle joue le rôle de neurotransmetteurs dans le cerveau. L'organisme en produit spontanément, et sa sécrétion augmente en cas de pratique d'un sport ou… quand on tombe amoureux. Mais en cas de carence, une fatigue ou une dépression peut apparaître. Cette substance aurait également des propriétés euphorisantes et aphrodisiaques. Une seule solution pour ne pas en manquer : déguster sans complexe :

- du chocolat.

LES MEILLEURS ALIMENTS APHRODISIAQUES

ABRICOT

L'abricot, qui arbore une belle couleur orangée tirant parfois sur le rouge, est comme on peut s'en douter chargé de caroténoïdes, ces pigments santé qui donnent, pour couronner le tout, une belle couleur dorée à la peau, incitant ainsi à la caresse. N'oublions pas que sa forme fendue évoque également le sexe de la femme. Ne parle-t-on pas en langage grivois d'un « délicat abricot » pour désigner la jolie fente de ces dames ?

Traditionnellement, en Andalousie, les femmes en quête d'amoureux dissimulaient sous leur jupe des feuilles et des fleurs d'abricotier. De nos jours, l'huile de noyau d'abricot à la belle couleur d'un jaune orangé, au parfum subtil, est très prisée pour les massages sensuels. On trouve même des lubrifiants intimes parfumés à l'abricot, censés être aphrodisiaques et parfaitement comestibles !

IDÉE COQUINE

L'abricot séché, très énergétique, peut être dégusté entre deux moments très intimes avec son partenaire afin de reprendre des forces ! On peut le croquer tout entier ou le découper en petits dés à picorer quand la vigueur semble battre de l'aile… temporairement !

AIL

Il n'existe pas de preuves scientifiques que l'ail possède des vertus aphrodisiaques. Mais ses propriétés vasodilatatrices permettent d'améliorer la circulation sanguine. Or, les zones génitales sont riches en tissus érectiles qui se gonflent sous l'afflux sanguin. De plus, il permettrait d'accroître la production de spermatozoïdes. Henri IV en mangeait tous les jours afin de garder son statut d'amant hors pair. On avait aussi coutume de donner des soupes à l'ail aux jeunes mariés afin de booster la libido et la fertilité.

Comme tous les légumes de la famille des Alliacées (ail, oignon, poireau, échalote…), cet ingrédient magique laisse une haleine, comment dire… assez prononcée. Certes, vous êtes censé(e) déguster vos petits plats aphrodisiaques avec votre amoureux/se, mais si tel n'est pas le cas, sachez qu'il existe une substance souveraine pour éliminer la mauvaise haleine dont gratifient les Alliacées : il s'agit de l'huile essentielle de persil, présente dans certains sprays purificateurs d'haleine ou dans des pastilles à sucer (Alipuro® ou Alibi®, par exemple) ; vous pouvez également vous procurer de l'huile essentielle de persil auprès de votre pharmacien qui saura vous indiquer le bon dosage. Cette propriété serait due à la présence de certains composés phénoliques que contient le persil et, a fortiori, son huile essentielle.

IDÉE COQUINE

Pourquoi ne pas préparer une petite soupe à l'ail pour revigorer les amants après un premier round ?

Pour 2 personnes : 100 g d'ail ; 1 petite pomme de terre ; 1 oignon ; ½ litre d'eau ou de bouillon de légumes ; 1 c. à s. d'huile d'olive vierge extra ; 10 cl de crème fraîche.

Pelez et hachez l'oignon, pelez la pomme de terre, découpez-la en dés. Faites fondre l'oignon dans une casserole, à l'huile d'olive. Ajoutez les dés de pomme de terre et l'ail pelé et écrasé. Ajoutez le bouillon ou l'eau. Faites cuire 10 minutes au seuil du frémissement. Adjoignez la crème fraîche en fin de cuisson. Mixez le tout et servez, accompagné de croûtons de pain grillé si le cœur vous en dit.

ANETH

L'aneth, plante ancestrale au goût anisé, est aujourd'hui consommé majoritairement en tant qu'épice afin d'aromatiser les plats (très souvent du poisson) ou sous forme d'huile essentielle en phytothérapie. Cette herbe aromatique est très utilisée en Inde et dans les pays scandinaves. En Russie, les femmes prenaient jadis des bains parfumés à l'aneth afin d'attirer le sexe opposé. Au Moyen Âge, l'aneth était employé comme aphrodisiaque en sorcellerie, en infusion dans du vin. Rien aujourd'hui ne prouve que cela soit efficace, mais l'aneth est réputé pour être vivifiant pour le corps et l'esprit, et donnera une touche exquise à vos plats. Gageons que son goût anisé remémorera à l'objet de votre désir la fameuse chanson écrite par Serge Gainsbourg (encore lui) pour une petite blondinette qui a toujours prétendu ne pas comprendre le sens des paroles qu'elle susurrait…

IDÉE COQUINE

Outre ses propriétés aphrodisiaques, l'aneth est également préconisé pour faciliter la digestion et pallier les ballonnements, pas très glamour lors de séances olé olé.

Pour obtenir une infusion d'aneth, versez 20 cl d'eau frémissante sur des graines ou des feuilles d'aneth, laissez infuser 10 minutes, filtrez et buvez. Outre une digestion aisée, vous recouvrerez toutes vos forces…

ASPERGE

L'asperge est considérée comme un aphrodisiaque depuis longtemps. Pline l'Ancien, écrivain naturaliste qui étudia bon nombre de plantes, l'avait déjà qualifiée d'« ingrédient du plaisir ». Les Grecs, eux, surnommaient cette plante « désir ». Pour augmenter son attraction sexuelle, on n'hésitait pas à boire son eau de cuisson.

Sa richesse en phytœstrogènes, substances présentes dans certaines plantes (soja, trèfle rouge, graines de lin…) et dont l'action se rapproche de celle des œstrogènes sécrétés par la femme (par les ovaires et les glandes surrénales) et par l'homme (uniquement par les glandes surrénales), joue, comme pour les œstrogènes, un rôle important dans le processus du désir.

Les Égyptiens agençaient les asperges en bottes afin d'en faire offrande aux dieux, comme en témoignent certaines fresques. Elles poussaient à l'état sauvage dans le bassin méditerranéen. On en trouve encore parfois au hasard d'une balade dans la garrigue, et l'on ne peut résister à la tentation de les manger toutes crues ! L'asperge connut un très grand succès en France, notamment au temps de François Ier et de Louis XIV, où sa forme phallique faisait beaucoup parler d'elle. Le Roi-Soleil avait même demandé à son jardinier d'en faire pousser en serre afin d'en avoir toute l'année, pour le plus grand plaisir de Mme de Maintenon qui qualifiait la plante d'« invite à l'amour ».

Elle fut interdite dans les couvents et pensionnats de jeunes filles au XIXe siècle, car les religieuses pensaient que l'asperge avait tendance à exciter les jeunes filles...

L'asperge sera donc votre alliée afin de réveiller votre sexualité et celle de votre homme – ou vice versa.

IDÉE COQUINE

Comme beaucoup d'aphrodisiaques, c'est avant tout à cause de sa forme qu'elle a été considérée comme un végétal qui incite à l'amour. N'hésitez pas à en jouer lors de la préparation de vos plats afin d'ajouter une note d'humour subtil à votre soirée prometteuse. Pour vous donner des idées, visionnez ou revisionnez le film culte de Gainsbourg sorti en 1975, *Je t'aime moi non plus* (très soft eu égard à ce que l'on peut voir de nos jours !), où Jane Birkin se régale d'un plat d'asperges qu'elle trempe négligemment dans la sauce avant de les porter à ses lèvres... Hum, plutôt hot, non ?

BANANE

Il n'y a pas à tergiverser : la banane est un fruit dont la seule vue évoque l'amour. Avez-vous déjà vu une femme manger une banane ? Avez-vous alors pensé à votre déclaration d'impôts, ou à sa bouche gourmande ?

Outre cette forme avantageuse, la banane est riche en vitamine B6, qui joue un rôle important dans l'équilibre nerveux et booste le moral ; elle est également une source non négligeable de vitamine C, la vitamine du tonus ! Selon certaines sources, elle contiendrait une substance spécifique, la bromélaïne, censée booster la libido masculine, et du potassium, qui aurait une incidence positive sur la production des hormones mâles. Crue ou cuite, en jus, en nectar ou en rondelles, la banane est toujours associée à l'éveil des sens… profitez-en et régalez-vous ! Comme on dit dans les îles de manière légèrement canaille : « La banane : le fruit qui dépanne »… Qu'ajouter de plus à ce dicton explicite ?

IDÉE COQUINE

Essayez tout simplement d'éplucher une banane et de la taquiner de votre bouche friponne devant votre homme… Il risque fort d'être positivement perturbé !

CANNELLE

C'est avec certitude l'une des épices les plus célèbres, mais ce n'est sans doute pas la première à laquelle on pense lorsqu'on évoque les substances aphrodisiaques. Pourtant, la cannelle est une épice considérée en tant que telle depuis des millénaires en Chine et en Inde. Ce n'est qu'assez tardivement qu'elle se démocratisera en Europe, au XVIIe siècle. Elle fait partie de nombreuses recettes de philtres d'amour, et autres mélanges censés raviver la flamme dans un couple. C'était d'ailleurs, selon la légende, un ingrédient qui entrait dans la composition du philtre qui unit les célèbres amants Tristan et Yseult.

La cannelle est une épice réchauffante, utilisée pour tonifier le corps et raviver l'esprit. Les Anciens la déconseillaient d'ailleurs aux jeunes gens fougueux et dynamiques. Elle possède des vertus tonifiantes et a été, à ce titre, prescrite pendant longtemps pour soigner les troubles de l'érection. La cannelle est également très riche en fibres (excellentes pour favoriser le transit, allez donc avoir envie de faire l'amour quand vous êtes ballonné...) et contient des antioxydants puissants qui vous permettront de rester longtemps en bonne santé. Pour quoi faire ? Eh bien ! l'amour, pardi !

IDÉE COQUINE

L'huile essentielle de cannelle, mélangée à une huile végétale de base comme l'huile de macadamia ou d'amande douce, peut être utilisée lors de certains massages sensuels.

CÂPRE

La câpre, bouton floral du câprier, pousse sur le pourtour du Bassin méditerranéen. Un vieux proverbe dit : « Quand la câpre n'agit plus, l'homme doit renoncer à Vénus ». Difficile, pour un homme, de se refuser à une déesse ! Les Anciens conseillaient d'en consommer en infusion, accompagnées de miel. En Italie, une croyance indiquait que manger des câpres crues lors de la messe de la Pentecôte réglait les problèmes d'impuissance. Il existe aussi une légende qui raconte qu'un homme qui grave le nom de la femme convoitée sur la racine de câpre séchée provoquerait en elle les sentiments désirés. On lui accordait alors des vertus tonifiantes, stimulantes et aphrodisiaques.

Il faut toutefois faire attention au produit que vous choisirez dans le commerce. Optez pour les câpres surfines qui sont celles issues du câprier. Les autres câpres sont généralement des boutons de capucine qui ont subi la même préparation… mais qui ne sont pas des câpres.

La câpre conservée dans la saumure développe ainsi des propriétés prébiotiques, substances qui servent d'engrais aux probiotiques, les bonnes bactéries amies pourvues de tant de vertus qu'elles nous permettent de nous maintenir en bonne santé. Et qui dit bonne santé, dit libido au top !

IDÉE COQUINE

La câpre a ce petit goût à la fois acide et piquant qui émoustille les papilles. Mixez-en une ou deux cuillères à soupe avec de la crème fraîche, étalez sur de petits toasts, saupoudrez de piment en poudre et servez avec une coupe de champagne…

CÉLERI

Aux premiers abords, ce n'est pas le premier aliment qui nous interpelle lorsque l'on parle d'aphrodisiaque. Et pourtant, ses vertus sont réputées depuis des siècles. Mme de Pompadour, toujours elle, l'avait adopté en tant qu'aphrodisiaque, pour elle ainsi que pour ses amants. Elle raffolait d'une certaine soupe à la truffe et au céleri. Les effets excitants du céleri seraient d'ailleurs plus offensifs pour la gent masculine que pour ces dames (ce qui ne vous empêche pas de vous en régaler en duo !). Ses propriétés vasodilatatrices permettent de lutter contre les troubles de l'érection, et l'apigénine, un antioxydant présent dans le céleri, aurait des effets bénéfiques sur la spermatogenèse.

En plus d'être un atout pour la libido, le céleri est un atout santé ! En effet, celui-ci contient des oligoéléments, des minéraux ainsi que des vitamines du groupe B, de la vitamine A et C. La vitamine C est d'ailleurs reconnue comme tonifiante, à utiliser en cas d'impuissance chez l'homme, ou de frigidité chez la femme. La vitamine B6, présente elle aussi dans de nombreux ingrédients aphrodisiaques, participe à stimuler la libido.

IDÉE COQUINE

À l'apéritif, servez quelques branches de céleri accompagnées d'un petit bol de crème fraîche à l'aneth ou au persil, avec une pointe d'ail. Et faites mouillette...

CHAMPAGNE

Le champagne doit avant tout sa réputation d'aphrodisiaque à son image de boisson glamour. Il n'y a pas d'étude qui confirme les vertus aphrodisiaques du champagne, mais sa couleur dorée et son pétillant incomparable font de lui LA boisson sensuelle par excellence.

Mme de Pompadour (décidément, on parle beaucoup de cette femme hors pair dans cet ouvrage) disait, dit-on, qu'il était « le seul vin qui laisse la femme belle après boire ». Elle le rendit très populaire à Versailles, et on dit même que l'une des premières coupes de champagne fut moulée d'après les courbes de son sein…

À consommer bien sûr avec modération, afin de ne pas basculer de la chic attitude vers le choc ridicule…

IDÉE COQUINE

Servez votre champagne dans des flûtes plutôt que dans des coupes pour qu'il garde plus longtemps tout son piquant tellement magique. Et quitte à choisir, servez-le à l'apéritif plutôt qu'au dessert… vous serez euphorique et désinhibé plus rapidement (attention, attention, servez toujours avec modération !). Le champagne rosé est particulièrement girly… ajoutez quelques morceaux de fraise ou des framboises, et ce n'est plus une recette magique que vous obtiendrez, mais une véritable bombe à retardement !

CHOCOLAT

Le péché mignon de tant d'entre nous est un véritable allié pour l'épanouissement de nos sens ! Une étude menée en Italie tendrait à prouver que les femmes qui consomment du chocolat régulièrement ont des rapports sexuels plus fréquents, et un désir plus prononcé que les autres. C'est sans doute lié à toutes les bonnes substances que contient cet aliment plaisir. La théobromine et la caféine stimulent la circulation sanguine, ce qui lui vaut ses vertus tonifiantes. Mais en plus, dans le cacao, il y a de la phényléthylamine, un composé naturel qui agit comme euphorisant et pourrait même soulager certaines formes de dépression.

Originaire d'Amérique du Sud, il était déjà utilisé par les Aztèques pour ses vertus aphrodisiaques. La préparation devait être très stimulante, car elle contenait également du piment, du poivre et des clous de girofle… À partir du XVIe siècle, le cacao arrive en Europe, pour le plus grand plaisir du corps et des papilles… Mme de Pompadour, favorite de Louis XV, en fait d'ailleurs l'une de ses boissons favorites, pour ses effets stimulants bien entendu…

IDÉE COQUINE

Le chocolat est associé au plaisir et à la volupté ; on trouve désormais de nombreux soins glamour, enveloppements et massages au chocolat, censés détendre et tonifier. On parle même de « cacaothérapie » ! C'est sans doute ce qu'avaient compris les Aztèques, qui enduisaient leurs parties les plus intimes de pâte de cacao, avant de se livrer à la bataille de la « bête à deux dos »...

CLOU DE GIROFLE

En Europe, on a plutôt tendance à connaître le clou de girofle en tant qu'épice. Elle entre dans la préparation de certaines marinades, du curry et dans le pot-au-feu. Originaire d'Indonésie, le clou de girofle y est réputé pour de nombreuses vertus. Il est d'ailleurs considéré comme l'un des plus puissants aphrodisiaques naturels, conseillé en cas de panne chez l'homme. Au XVIIe siècle, un herboriste suédois le préconise afin de lutter contre l'impuissance. Il conseillait d'épicer du lait avec un peu de poudre de clou de girofle.

Mais ce n'est pas la seule chose qui nous intéresse ici ! Imagineriez-vous partir à un rendez-vous galant avec une rage de dent ? Bien sûr que non ! Eh bien, le clou de girofle est réputé pour calmer les douleurs dentaires, vous permettant ainsi d'afficher votre plus beau sourire.

Comme de nombreux aliments aphrodisiaques, le clou de girofle est riche en vitamine C, la vitamine de l'effort, du tonus, et puissant antioxydant. Les apports en minéraux et oligoéléments sont eux aussi très importants. Le clou de girofle est riche en potassium, mais aussi en calcium et en magnésium, de quoi avoir une santé de fer pour une sexualité épanouie.

IDÉE COQUINE

Diluez quelques gouttes d'huile essentielle de giroflier dans de l'huile végétale d'amande douce, par exemple) et procédez à un léger massage par effleurements le long de la colonne vertébrale. Cette recette est censée réveiller les plus fatigués...

CORIANDRE

Épice ancestrale connue depuis des millénaires, la coriandre était utilisée par les Anciens dans de nombreux remèdes aphrodisiaques et philtres d'amour. Hippocrate la conseillait afin de favoriser la procréation. La coriandre serait riche en phytœstrogènes, proches de la composition des œstrogènes, l'une des hormones féminines. En phytothérapie, l'huile essentielle de coriandre est indiquée pour les femmes qui souffrent de douleurs lors des rapports, ou qui sont atteintes de frigidité. Pour la gent masculine, les propriétés diurétiques de la coriandre sont indiquées pour vaincre les troubles de l'éjaculation et pour ceux qui souffrent d'hypertrophie de la prostate. La coriandre est utilisée depuis des lustres à des fins médicinales pour soigner des troubles qui touchent à l'intimité.

IDÉE COQUINE

N'hésitez pas à utiliser de l'huile essentielle de coriandre pour faire des massages, à raison de quelques gouttes diluées dans de l'huile végétale de base : huile d'amande douce, huile de noyau d'abricot...

ÉPINARDS

Très connus pour leur teneur en fer hors du commun, cette réputation était tout simplement due à une erreur de virgule (en effet, une faute de frappe avait multiplié par dix la teneur en fer des épinards). Nous connaissons tous Popeye qui en mangeait des boîtes et des boîtes afin d'être plus fort et de vaincre ses ennemis... Et si, en fait, c'était tout simplement dans le but de satisfaire son Olive ? Mystère...

Cela dit, il est vrai que les épinards sont riches en minéraux et oligoéléments, notamment en potassium, en phosphore, en calcium et en magnésium. Le phosphore est d'ailleurs considéré comme un énergisant, et il améliorerait les performances sexuelles. Les épinards sont aussi riches en vitamine C qui, comme on a pu le voir, est un tonifiant hors pair. Celle-ci intensifierait le plaisir sexuel… et l'endurance. Eh oui ! grâce aux épinards, notre Popeye avait vraiment la santé (de fer).

IDÉE COQUINE

Lavez et essuyez des feuilles d'épinards. Garnissez-les d'une sauce au piment et à l'ail. Roulez serré, bloquez avec une pique et servez à l'apéro. Évidemment, comme la sauce coulera un peu, vous vous lécherez sensuellement les lèvres comme si de rien n'était !

FIGUE

La réputation de la figue s'est forgée à travers les âges. Depuis longtemps, c'est un fruit associé à la fertilité. Dans la mythologie grecque, le dieu Priape est celui de la fécondité. Il est d'ailleurs majoritairement représenté avec une érection permanente. (On connaît la maladie appelée priapisme, où l'homme, malgré lui, reste en érection.) Le bois du figuier fut souvent utilisé afin de réaliser des statues le représentant. De plus, Rémus et Romulus auraient été trouvés sous un figuier sauvage.

L'abondance de ses graines, ainsi que sa forme rappelant les attributs masculins bien connus, ont joué un rôle important dans la vision que l'on se fait de la figue. De plus, lorsque l'on coupe une figue en deux, la ressemblance est associée au sexe féminin. Que d'histoire pour ce fruit qui ne peut nier son aspect suggestif !

IDÉE COQUINE

La figue est un fruit riche en vitamine C, donc tonifiant, et peu calorique quand elle est fraîche. Attention tout de même, la figue séchée est, quant à elle, beaucoup plus sucrée. C'est aussi une source non négligeable de minéraux et d'oligoéléments, notamment de potassium, comme beaucoup de végétaux. À croquer donc à la mi-temps !

GINGEMBRE

Dès que l'on parle d'aphrodisiaque, les langues se délient et invariablement prononcent « gingembre ». Faites le test et demandez à vos amis s'ils en connaissent, le gingembre sera presque toujours le premier cité. Sa réputation est faite depuis des temps ancestraux. Il existe de nombreux écrits vantant les mérites stimulants du gingembre, que ce soit des textes anciens indiens et chinois, ou plus récemment Pline l'Ancien et Dioscoride.

Bien que l'effet aphrodisiaque du gingembre ne soit pas prouvé scientifiquement, des études vantent les propriétés vasodilatatrices de cette plante, permettant donc un afflux sanguin plus important notamment vers les parties génitales. Le gingembre a souvent été qualifié de plante chauffante, qui stimule le corps et l'esprit, et fut de ce fait utilisé à maintes reprises dans des philtres d'amour.

Une étude nous indique que l'extrait aqueux de gingembre pourrait avoir des propriétés androgéniques, c'est-à-dire qu'il augmenterait le poids des testicules ainsi que le taux de testostérone. Pour cela, il faut consommer l'extrait aqueux par voie orale pendant huit jours.

IDÉE COQUINE

Il vous est possible de jouer sur l'ambiance grâce aux huiles essentielles de gingembre. Versez-en quelques gouttes dans votre diffuseur, associées à quelques gouttes d'huile essentielle de clou de girofle et de cannelle. Diffusez pendant une petite demi-heure, en savourant une coupe de champagne par exemple (tiens donc !) et laissez le charme agir !

HUÎTRE

C'est sans doute avant tout grâce à sa forme que l'huître est considérée comme un aphrodisiaque. La coquille fermée rappelle effectivement la zone du plaisir féminin. Aphrodite, déesse grecque des plaisirs, de l'amour et de la beauté, aurait été apportée de la mer sur le rivage dans une coquille d'huître. Les peuples antiques considéraient l'huître comme un mets divin, qui était très prisé pour les festins royaux.

Rien ne prouve scientifiquement les propriétés aphrodisiaques de l'huître, mais sa composition nous donne quelques indices. Le zinc permet de stimuler la création de testostérone et favoriserait la production de spermatozoïdes. La vitamine C a des effets stimulants sur le corps et l'esprit, éveillant nos sens, tandis que le potassium accroît la fabrication de testostérone. L'huître contiendrait aussi de l'histidine, un acide aminé essentiel, très important dans le domaine du plaisir. En effet, lors du rapport sexuel, de l'histidine serait libérée, réchauffant nos zones érogènes…

IDÉE COQUINE

Déguster des huîtres fraîches, bien iodées, en buvant le jus jusqu'à la dernière goutte, la tête renversée en arrière dans une pose follement sensuelle (et naturelle) a un effet stimulant certain sur la personne qui dîne en face de vous.

MENTHE

L'un des arômes que l'on ajoute le plus souvent au thé est la menthe. Infusée pendant 2 à 3 minutes, celle-ci aurait des vertus calmantes. Au contraire, si vous laissez infuser pendant une quinzaine de minutes, l'effet serait stimulant. C'est l'une des raisons pour lesquelles la menthe est considérée comme aphrodisiaque, car si une infusion préparée le soir est bien chargée, longuement infusée, elle empêchera de dormir, et les sens seront en éveil… Rien ne démontre les propriétés aphrodisiaques de la menthe, mis à part sa richesse en vitamine C, qui est stimulante. C'est tout de même un élément qui revient souvent dans les recettes de philtres d'amour… Outre sa teneur en vitamine C, la menthe est également riche en calcium, qui fortifie les os, et en potassium, qui accroît la production de testostérone.

IDÉE COQUINE

La teneur forte de la menthe en menthol permet avec une seule feuille de rafraîchir son haleine pour le plus grand plaisir de votre partenaire (n'hésitez pas à partager avec lui, afin de rafraîchir également sa jolie bouche…). Pratique également avant de partir en rendez-vous…

MIEL

Cette substance si gentiment offerte par nos amies les abeilles est un atout pour notre santé. Majoritairement utilisé dans la cuisine, il existe de nombreux masques pour la peau à base de miel, afin de la rendre douce et soyeuse… Le miel est riche en vitamines, en oligoéléments et en minéraux, faisant de lui un puissant stimulant. Leur taux varie selon la provenance et selon la plante butinée. De plus, l'index glycémique élevé du miel donne un réel

« coup de fouet » au corps, ce qui est bienvenu pour entamer les réjouissances charnelles…

Il existe un miel particulièrement réputé pour ses vertus aphrodisiaques. Il est originaire du Yémen. Rare et cher (sans doute le plus cher du monde), il tiendrait ses propriétés particulières des fleurs de jujubier que les abeilles butinent.

Beaucoup d'histoires tournent autour de l'origine de l'expression « lune de miel » : cela viendrait de nos ancêtres qui offraient aux jeunes mariés des mixtures à base de miel.

POUR S'ASSURER LA FOUGUE ET LA PASSION DE SON AMOUREUX

Faites-vous couler un bain bien chaud. Placez-y 21 pétales de rose rouge et quelques gouttes d'huile essentielle de rose de Damas. Ajoutez une tasse de lait entier et deux cuillères à soupe de miel. Immergez-vous dix à quinze minutes. Sortez et drapez-vous dans un grand peignoir voluptueux. Courez rejoindre votre amoureux…

IDÉE COQUINE

On ne joue pas avec la nourriture, quoique… enduisez la poitrine ou les organes génitaux de votre partenaire avec ce miel ambré et magique, et amusez-vous à tout laper par la suite, avec toute la sensualité du monde, s'entend.

MUSCADE

Issue d'une noix originaire d'Asie, cette épice est célèbre pour ses vertus depuis des millénaires. Les qualités chauffantes et stimulantes de la noix de muscade étaient déjà connues de nos ancêtres, qui utilisaient fréquemment cet ingrédient dans les philtres d'amour. Un médecin et botaniste italien du XVIe siècle, Pierandrea Mattioli, conseillait aux hommes souffrant de panne sexuelle de s'enduire le pénis d'huile de noix de muscade avant d'aller visiter leur conquête afin de favoriser l'érection. Il préconisait le même traitement aux hommes souffrant d'éjaculation précoce.

Aujourd'hui, nous associons l'effet aphrodisiaque de la noix de muscade à ses propriétés vasodilatatrices. De plus, elle contient de la vitamine C, connue pour ses effets stimulants, ainsi que de la vitamine B6, censée booster le taux de dopamine. La dopamine est un élément indispensable dans le processus du plaisir.

La noix de muscade est également riche en minéraux et oligoéléments, notamment du phosphore et du calcium, amis des os et des dents, ainsi que du potassium et du magnésium.

IDÉE COQUINE

Quelques gouttes d'huile essentielle de noix de muscade dans votre diffuseur, en synergie avec de l'huile essentielle de romarin ou de poivre, et votre partenaire entamera devant vous le strip-tease le plus torride qui soit, sans même que vous ayez à le lui demander !

PIGNON DE PIN

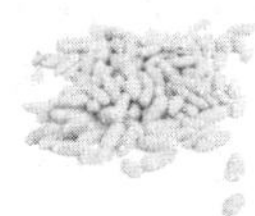

Également appelé « noix de pin », ce petit élément qui se cache dans les pommes de pin aurait des propriétés aphrodisiaques. Il se déguste sucré ou salé. Il était courant au Moyen Âge de dire que le pignon de pin aidait au processus de conception. Celui-ci donnerait plus souvent l'envie de faire l'amour et stimulerait la fécondité.

Lorsque nous observons un pin, nous n'imaginons pas toutes les bonnes choses que contiennent ses graines. Très riche en fer, qui permet un afflux sanguin plus important, le pignon contient également une grande quantité de phosphore, ami des os et des dents, et de magnésium, boosteur de l'humeur. L'apport en vitamine E et en zinc, qui joueraient un rôle important dans la spermatogenèse, est également très important.

IDÉE COQUINE

Faites griller à sec des pignons de pin dans une poêle antiadhésive, servez comme amuse-bouches à l'apéritif et laissez le charme agir.

PIMENT

Qu'il soit doux ou fort, le piment est réputé pour mettre le feu… au désir. C'est avant tout sa forme suggestive, rappelant celle d'un pénis ou d'un clitoris plutôt en forme, qui attire l'attention. Ensuite, son goût fort et piquant, provoqué par la capsaïcine qu'il contient, donne un « coup de chaud » propice à déclencher un raz-de-marée sensuel. Le fait de manger du piment permettrait à l'organisme de libérer des endorphines, l'une des clés du bien-être.

Il faut savoir que la capsaïcine possède une activité antioxydante et permet à l'organisme de brûler davantage de calories : on peut donc faire l'amour plus « léger » ! Outre cette substance magique, le piment contient des flavonoïdes, une autre substance antioxydante, ainsi que beaucoup de vitamine C, également antioxydante mais aussi tonifiante. Vous avez tout pour être heureux !

On peut consommer le piment frais, en très petite quantité, ou déshydraté : les plus courants, que vous retrouverez dans nos recettes, étant le piment de Cayenne et le piment d'Espelette.

IDÉE COQUINE

Saupoudrez vos toasts et autres amuse-gueules d'une pincée de piment, et, comme c'est curieux, vous verrez sitôt la température monter d'un cran. Mais attention, si vous avez le feu à la bouche, ne buvez pas : absorbez un aliment gras, qui seul peut éteindre le feu du piment.

POIVRE

Une des épices les plus présentes aujourd'hui sur nos tables, le poivre est une petite mine d'or pour notre santé. Que ce soit du poivre noir, gris ou rouge, il est réputé pour être chauffant et stimulant. Depuis longtemps, il est utilisé dans la confection de philtres d'amour ou pour aromatiser le vin des amoureux.

La capacité chauffante du poivre est due à la pipérine, qui donne ce petit goût piquant. Il est d'ailleurs prouvé que la curcumine, élément du curcuma, renforce les effets de la pipérine sur notre organisme et vice versa. N'hésitez donc pas à mélanger les deux épices pour un effet probant sur la santé, ainsi que sur votre libido…

Le poivre contient une quantité importante de vitamine C, qui stimule et réchauffe le corps. Il contient également du fer, qui sert à véhiculer l'oxygène, lui octroyant des propriétés vasodilatatrices, mais aussi du manganèse, un oligoélément qui jouerait un rôle dans la synthèse des hormones sexuelles. Le poivre est également riche en potassium.

IDÉE COQUINE

Le poivre est un vasodilatateur connu depuis la nuit des temps. Il donne chaud. Très chaud. N'hésitez pas à avoir la main un peu lourde sur la dose. Après tout, c'est pour la bonne cause, non ?

SAFRAN

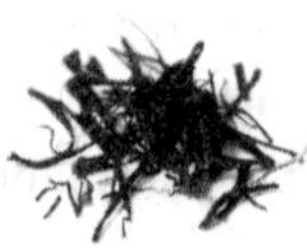

Souvent confondu avec le curcuma, le safran fait partie des épices ancestrales, utilisé depuis des millénaires notamment en Chine pour ses vertus médicinales. Cet ingrédient fut lui aussi employé à maintes reprises dans la confection de philtres d'amour… C'est aujourd'hui l'épice la plus chère du marché ! Le safran est un aphrodisiaque efficace chez la femme. Prescrit en cas de règles douloureuses, il est aussi réputé pour accroître le désir sexuel, ainsi que pour lubrifier les muqueuses en cas de sécheresse vaginale. Il est également conseillé d'en consommer en cas de migraine… Il est préférable de se rendre à son rendez-vous galant sans avoir ce marteau dans le crâne ! Eh oui ! Les miss, il vous sera impossible de dire : « Pas ce soir, chéri, j'ai la migraine ». (Mais avec tous les aliments aphrodisiaques que vous allez déguster, nous pressentons fortement que vous ne tomberez plus en panne de libido !)

Comme la plupart des ingrédients aphrodisiaques, le safran est très riche en vitamine C, mais il contient également de la vitamine B6 qui est censée augmenter le taux de dopamine, un élément indispensable dans le processus du plaisir. On y trouve également une dose de magnésium, qui accroit les performances sportives, ainsi que de phosphore, qui joue un rôle dans la production d'énergie.

IDÉE COQUINE

Le safran est rare et cher. On peut l'utiliser en huile essentielle pour booster la puissance sexuelle : diluée dans quelques gouttes d'huile végétale, appliquez en onction sur le plexus solaire, l'intérieur des poignets et sur le pli interne du genou.

THYM

Généralement utilisé pour relever le goût des aliments, on ne se doute pas des vertus que cette petite plante peut nous offrir. C'est déjà un très bon atout contre… la mauvaise haleine ! Il existe d'ailleurs des gélules phytothérapeutiques à base de thym destinées à détruire les odeurs, pas seulement provenant de la bouche, mais aussi de l'estomac.

Le thym est considéré comme un puissant tonifiant pour l'esprit et pour le corps. Riche en vitamines, notamment en vitamines C et B6 reconnues pour leurs vertus stimulantes, il est aussi une source importante de calcium et contient du magnésium et du potassium en quantité importante. Le thym comporte également du fer, qui favorise le flux de l'oxygène dans le sang, ainsi que du zinc, réputé pour favoriser la spermatogenèse.

Cet aphrodisiaque sera majoritairement conseillé pour les hommes, car il paraîtrait que si les femmes en abusent, elles risquent de voir leur moustache commencer à pousser !

IDÉE COQUINE

Dans un diffuseur, avec un peu d'huile essentielle de romarin et de cannelle, l'huile essentielle de thym fera des miracles pour booster la libido et surtout pour purifier l'atmosphère. Quelques gouttes d'huile essentielle d'eucalyptus ajouteront une touche exotique.

VANILLE

Déjà, dans son nom, nous avons un indice. Le mot « vanille » est issu du latin classique *vagina*, « petite gaine », qui donna plus tard naissance au mot « vagin » en français. Cela serait dû à la forme de sa racine, qui rappelle le conduit vaginal. Pour une fois que ce n'est pas une forme phallique ! Mis à part cela, l'arôme de vanille est très souvent associé à la sensualité.

Utilisée dans bon nombre de parfums, l'odeur de la vanille serait un stimulant sexuel, surtout chez les femmes. Ces effets seraient bénéfiques afin de lutter contre la baisse de la libido. Versez quelques gouttes d'absolue de vanille dans votre diffuseur afin de créer une ambiance chaleureuse et sensuelle.

POUR ATTIRER L'AMOUR ET LE DÉSIR AVANT UN RENDEZ-VOUS GALANT...

Ablutions attractives : faites-vous couler un bain bien chaud. Ajoutez quelques gouttes d'absolue de vanille, 10 cl d'eau de fleur d'oranger, le jus d'un pamplemousse rose, puis immergez-vous dix minutes au moins dans ce bain magique et détendez-vous en écoutant la musique de votre choix. Enveloppez-vous ensuite dans un peignoir en éponge que vous aurez fait chauffer préalablement.

IDÉE COQUINE

Mélangez un peu d'extrait pur de vanille avec un peu d'huile d'amande douce afin de faire une huile de massage à l'odeur parfumée. Cette mixture est parfaite pour les jeux amoureux, et en plus, vous pouvez la manger !

VIN

Ce trésor cher à Bacchus (et à nous, avouons-le !) est un élixir qui fut à de très nombreuses reprises utilisé pour créer des recettes aphrodisiaques ainsi que des philtres d'amour, souvent associé à des épices telles que la cannelle ou le gingembre.

Le vin contient un bon nombre de minéraux et oligo-éléments, comme le phosphore, le calcium, le magnésium et le potassium. Il contient également du fer et des vitamines du groupe B telles que les vitamines B3 et B6, cette dernière étant réputée pour stimuler la production de dopamine. Les tanins qu'il recèle sont un atout santé majeur, car ils sont dotés de propriétés antioxydantes puissantes. Les quantités de ces tanins varient selon le type de vin et selon sa provenance.

Il ne faut pas oublier non plus que ce breuvage mythique contient de l'alcool, et c'est aussi cela qui le rend magique. Une très légère ivresse permet de désinhiber l'esprit, permettant ainsi d'aller vers les autres et de faire le premier pas que vous n'auriez peut-être jamais osé faire. Il ne faut évidemment pas en abuser, faute de quoi ce seraient plutôt les autres qui partiraient en courant ! Pas cool !

IDÉE COQUINE

Que ceux et celles qui n'aiment pas l'alcool se rassurent : dans le vin cuit, il s'évapore à la cuisson. Dans tous les cas, choisissez un vin de qualité, bio de préférence, sans sulfites. Un bon vin qui réjouira vos sens et fera danser Bacchus là où il se trouve. Buvez doucement, savourez, pour accéder à un bien-être total.

10 MENUS COQUINS À TESTER POUR CHAQUE OCCASION...

Toutes les recettes proposées dans ces menus ne sont pas dans ce livre. Pour les autres, reportez-vous à la page indiquée.

Menu Saint-Valentin

- ♥ Maudite Aphrodite (voir p. 64)
- ♥ Toastinettes au fenouil et aux pignons de pin (voir p. 73)
- ♥ Cake provocant à la tomate et au thon (voir p. 94)
- ♥ Assortiment de chocolats

Menu spécial retrouvailles

- ♥ Vin très chaud à la cannelle (voir p. 67)
- ♥ Dés de carotte au thym (voir p. 78)
- ♥ Brochettes de bœuf au paprika
- ♥ Mousse de chocolat aux feuilles de menthe fraîche (voir p. 147)

Menu premier rendez-vous

- ♥ Hypocras (voir p. 70)
- ♥ Velouté de poireau à l'ail rose de Lautrec (voir p. 85)
- ♥ Bœuf strogonoff
- ♥ Sorbet vanille au gingembre confit (voir p. 154)

Menu anniversaire de rencontre

- ♥ Soupe de champagne poivrée au litchi (voir p. 65)
- ♥ Enroulades de jambon de parme à la banane (voir p. 79)
- ♥ Pavé de saumon au fenouil
- ♥ Bananes pochées et leur jus vanillé (voir p. 151)

Menu anniversaire première fois

- ♥ Nectar de banane à la vanille bourbon (voir p. 58)
- ♥ Huîtres
- ♥ Tendres bouchées de patates douces au gingembre frais (voir p. 134)
- ♥ Tartelettes aux framboises et à la cannelle (voir p. 156)

Menu soirée jeux érotiques

- Bâtons de céleri marinés avec tendresse (voir p. 76)
- Poitrine de porc grillée au miel et aux amandes (voir p. 124)
- Figues fraîches
- Tequila hot (voir p. 171)

Menu Fifty Shades of Grey

- Crème d'asperges voluptueuse (voir p. 86)
- Cuisses de coq au vin rouge (voir p. 116)
- Mangues
- Philtre d'amour ancestral (voir p. 173)

Menu Adam et Eve (tout nus !)

- Rhum bien arrangé au gingembre et aux girofles (voir p. 68)
- Mesclun aux dés d'ananas
- Sauté de bœuf à la coriandre licencieuse (voir p. 121)
- Bananes pochées et leur jus vanillé (voir p. 151)

Menu Saint-Sylvestre

- Coupettes de champ' aux fruits de la passion (voir p. 69)
- Mouillettes au foie gras et leur œuf mollet (voir p. 84)
- Voluptueux magrets de canard aux figues et aux pignons de pin (voir p. 122)
- Sorbet au champagne (voir p. 148)

Menu Saturday night fever

- ♥ Cocktail de fruits érotiques (voir p. 61)
- ♥ Salade de pourpier aux câpres et aux pignons grillés
- ♥ Dés de poulet au piment oiseau (voir p. 120)
- ♥ Fraises saupoudrées de sucre vanillé

NOS RECETTES APHRODISIAQUES

Cocktails lascifs sans alcool

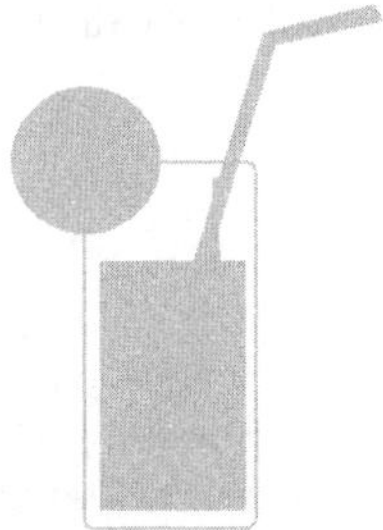

JUS DE MANGUE AGAÇANT À LA MENTHE

Tonifiant, stimulant, revigorant

POUR 2 COCKTAILS
PRÉPARATION : 5 MINUTES
PAS DE CUISSON

INGRÉDIENTS : 10 cl de jus de mangue (ou, à défaut, de nectar de mangue) ; 4 cl de jus de citron vert ; 10 cl de jus d'ananas ; 2 branches de menthe + quelques feuilles ; glace pilée.

- Lavez, essuyez et ciselez quelques feuilles de menthe.
- Dans un shaker, placez tous les ingrédients (gardez un peu de menthe fraîche pour la décoration) et frappez bien.
- Versez dans des verres tulipe, décorez de branches de menthe fraîche et servez.

POURQUOI C'EST MAGIQUE

La mangue et le citron sont riches en vitamine C, tonifiante. Quant à la menthe, elle est réputée pour booster la production de testostérone.

ÉLIXIR D'ABRICOT AU CLOU DE GIROFLE

Stimulant sexuel, antifatigue

POUR 2 COCKTAILS
PRÉPARATION : 5 MINUTES
PAS DE CUISSON

INGRÉDIENTS : 16 cl de jus d'abricot ; 10 cl de jus de banane ; 1 pincée de clou de girofle moulu ou 2 gouttes d'huile essentielle de giroflier ; 4 cl de sirop de fruits rouges au choix (grenadine, cassis, cerise, mûre...) ; 4 petits glaçons.

- Dans un shaker, placez tous les ingrédients à l'exception du sirop de fruits rouges. Frappez.
- Répartissez dans des verres à martini ou dans des coupes à champagne (deux glaçons par verre). Versez un trait de sirop de fruits rouges.
- Décorez d'une pincée de clou de girofle moulu (facultatif) et servez.

POURQUOI C'EST MAGIQUE

L'abricot est bourré de vitamine C antifatigue ; le clou de girofle est réputé depuis l'Antiquité pour ses vertus de tonifiant nerveux et sexuel ; le sirop de fruits rouges, en se déposant au fond du verre, donnera à ce cocktail une petite note couleur passion...

NECTAR DE BANANE À LA VANILLE BOURBON

Tonifiant, aphrodisiaque, stimulant

POUR 2 COCKTAILS
PRÉPARATION : 5 MINUTES
PAS DE CUISSON

INGRÉDIENTS : 15 cl de jus de banane ; 8 cl de jus de poire ; 8 cl de jus d'orange ; 1 pincée de poudre de vanille Bourbon (ou quelques gouttes d'extrait naturel) ; glace pilée ; 2 fruits rouges au choix (cerises, fraises, petites grappes de groseilles...).

- Placez tous les ingrédients dans un shaker à l'exception des fruits rouges. Frappez.
- Répartissez dans des verres à martini ou dans des coupes à champagne.
- Placez un fruit rouge dans chaque verre. Servez.

POURQUOI C'EST MAGIQUE

La banane est riche en vitamine B6, dite « vitamine de la bonne humeur ». Sa forme et son jus sont également propices à susciter l'émotion sensuelle...

POMONA À LA CANNELLE

Tonique, stimulant, modérateur d'appétit

POUR 2 COCKTAILS
PRÉPARATION : 3 MINUTES
CUISSON : 5 MINUTES
REPOS : 2 HEURES

INGRÉDIENTS : 30 cl de jus de pomme ; ½ c. à c. de cannelle en poudre ; 1 pincée de noix de muscade en poudre ; 1 c. à s. de sucre roux en poudre ; 1 c. à c. de jus de citron ; 2 tranches de pommes.

- Dans une petite casserole, faites chauffer le jus de pomme sans porter à ébullition. Placez-y alors la cannelle et la noix de muscade. Laissez refroidir, puis faites mariner deux heures au réfrigérateur.
- Givrez les verres à cocktail : mouillez les bords au jus de citron, puis retournez-les et passez-les dans le sucre roux, que vous aurez disposé dans une soucoupe. Versez précautionneusement le mélange.
- Décorez d'une rondelle de pomme fendue du bord jusqu'au cœur. Servez.

POURQUOI C'EST MAGIQUE

La pomme est le symbole de l'amour, le fruit défendu... Quant à la cannelle, elle est connue depuis la nuit des temps pour ses vertus aphrodisiaques. Vous ne croquerez pas la pomme, mais mordrez à belles dents dans la rondelle qui orne le verre !

CITRONNADE MORDUE DE MIEL

Tonifiante, énergisante

POUR 2 COCKTAILS
PRÉPARATION : 5 MINUTES
PAS DE CUISSON

INGRÉDIENTS : 30 cl d'eau ; 1 citron ; 1 c. à s. de miel liquide, type miel d'acacia ; 2 c. à c. de cassonade ; 2 rondelles de citron vert pour la décoration.

- Pressez le citron pour en recueillir le jus, éliminez les éventuels pépins. Versez-le dans une jatte.
- Faites chauffer l'eau. Versez-la dans la jatte contenant le jus de citron, ajoutez le miel et diluez bien. Laissez refroidir, puis placez au réfrigérateur une heure au moins.
- Versez dans des verres à martini. Déposez délicatement une cuillère à café de cassonade au fond de chaque verre. Décorez d'une rondelle de citron vert. Servez.

POURQUOI C'EST MAGIQUE

Le citron, acide et énergisant, excite la langue et les sens. Quant au miel, on le pare de toutes les vertus, et il entre dans la composition de nombreux philtres d'amour.

COCKTAIL DE FRUITS ÉROTIQUES

Énergisant, beauté de la peau

POUR 2 COCKTAILS
PRÉPARATION : 5 MINUTES
PAS DE CUISSON

INGRÉDIENTS : 10 cl de jus d'ananas ; 5 cl de lait de coco ; 10 cl de jus de fruits exotiques ou de jus multivitaminé ; 5 cl de jus d'orange ; glace pilée ; 2 rondelles d'orange.

- Versez tous les ingrédients dans un shaker. Frappez.
- Versez dans deux verres à martini.
- Décorez chaque verre d'une rondelle d'orange coupée du bord à son centre.

POURQUOI C'EST MAGIQUE

Tous ces jus de fruits, bourrés de vitamines, mêlés au crémeux lait de coco, permettent de redonner un bon coup de peps aux amants avant de passer à des activités plus intimes.

Cocktails lascifs avec alcool

MAUDITE APHRODITE

Énergisant, tonifiant, antioxydant

POUR 2 COCKTAILS
PRÉPARATION : 3 MINUTES
PAS DE CUISSON

INGRÉDIENTS : 15 cl de champagne brut à une température de 7 °C ; 5 cl de jus d'orange ; poivre blanc ; 2 fils de safran.

- Dans deux coupes à champagne, versez le jus d'orange. Complétez avec le champagne. Donnez un tour de moulin à poivre.
- Déposez délicatement un filament de safran dans chaque coupe. Servez aussitôt.

POURQUOI C'EST MAGIQUE

Le champagne est réputé pour être l'élixir du désir et de l'amour. Quant à l'orange, on connaît sa richesse en vitamine C, qui donne un coup de boost propice à déclencher de torrides soirées !

SOUPE DE CHAMPAGNE POIVRÉE AU LITCHI

Tonifiante, énergisante

POUR 2 COUPES
PRÉPARATION : 5 MINUTES
PAS DE CUISSON

INGRÉDIENTS : 25 cl de champagne brut à 7-9 °C environ ; 3,5 cl (35 ml) de cointreau ; 2 c. à s. de sirop de sucre de canne ; 1 c. à s. de jus de citron ; 1 litchi frais ou à défaut en conserve ; 1 tour de moulin à poivre (rouge si vous avez).

- Dans une petite coupe à punch (ou un banal saladier), versez le champagne, puis le cointreau, le sirop de sucre de canne, le jus de citron. Donnez un tour de moulin à poivre et mélangez délicatement. Pelez le litchi s'il est frais et coupez-le en deux. Ôtez le noyau.
- Versez le contenu de la coupe à punch dans des verres à martini ou des coupes à champagne. Déposez au centre de chaque coupe une moitié de litchi.

POURQUOI C'EST MAGIQUE

On peut aussi préparer cette soupe en apéritif entre amis : multipliez alors les ingrédients par le nombre d'invités, utilisez du bon crémant plutôt que du champagne si votre budget est en mode « crise économique »… Et allez-y doucement sur le poivre pour éviter que la soirée prenne une tournure olé olé !

Le champagne est la boisson du désir par excellence : on le déguste à tous les modes et à tous les temps ! Relevé de cointreau, c'est un grand classique des soupes de champagne. Le litchi vient ajouter sa note exotico-sexy à l'ensemble !

BLOODY MARY HOT

Beauté de la peau, drainant, stimulant

POUR 2 COCKTAILS
PRÉPARATION : 5 MINUTES
PAS DE CUISSON

INGRÉDIENTS : 8 cl de vodka ; 25 cl de jus de tomate ; 1 cl de jus de citron ; 1 cl de sauce Worcestershire ; 4 gouttes de Tabasco ; 1 pincée de sel de céleri ; 2 branches de céleri ; 1 pincée de poivre ; quelques glaçons.

- Versez dans un tumbler la vodka, le jus de tomate, le jus de citron, la sauce Worcestershire, le Tabasco et remuez à l'aide d'un mélangeur à cocktail.
- Adjoignez le sel de céleri et le poivre, terminez avec les glaçons, mélangez encore.
- Versez dans des verres à martini.
- Décorez d'une branche de céleri. Servez avec un joli mélangeur.

POURQUOI C'EST MAGIQUE

La sauce Worcestershire contient de l'ail et des épices aphrodisiaques ; le Tabasco et le poivre ont des propriétés vasodilatatrices. De quoi stimuler le plus timide des partenaires !

VIN TRÈS CHAUD À LA CANNELLE

Antioxydant, tonifiant, énergisant

POUR 2 PERSONNES
PRÉPARATION : 5 MINUTES
CUISSON : 5 MINUTES

INGRÉDIENTS : 10 cl de bon vin rouge ; 5 cl d'eau ; 1 c. à c. de jus de citron ; 30 g de cassonade ; ½ c. à c. de cannelle en poudre ; 2 rondelles de citron.

- Dans une casserole, versez le vin rouge, puis l'eau, le jus de citron, la cassonade et la cannelle en poudre. Faites chauffer à feu très doux, jusqu'au seuil de l'ébullition, afin que la cassonade se dissolve.
- Versez dans des verres résistant à la chaleur ou dans de jolis mazagrans.
- Décorez d'une rondelle de citron. Servez bien chaud.

POURQUOI C'EST MAGIQUE

Le traditionnel petit vin chaud qui revigore au coin du feu peut également favoriser l'embrasement des libidos les plus engourdies… La cannelle, épice mythique, entre d'ailleurs dans la composition de nombreuses recettes aphrodisiaques !

RHUM BIEN ARRANGÉ AU GINGEMBRE ET AUX GIROFLES

Apéritif, tonifiant, stimulant

POUR 1 LITRE DE RHUM (À CONSOMMER, DONC, EN PLUSIEURS FOIS !)
PRÉPARATION : 5 MINUTES
PAS DE CUISSON
REPOS : DEUX MOIS

INGRÉDIENTS : 1 litre de rhum ambré ; 30 g de morceau de rhizome de gingembre frais ; 4 clous de girofle ; citron vert.

- Pelez le morceau de gingembre et détaillez-le en rondelles. Placez-le au fond d'un bocal, avec les clous de girofle. Versez le rhum par-dessus. Mélangez. Laissez mariner durant deux mois à l'abri de la lumière.
- Servez (avec parcimonie) avec un quartier de citron vert.

POURQUOI C'EST MAGIQUE

Le gingembre, reconnu de longue date comme aphrodisiaque, a deux mois pour développer toutes ses capacités. Il se marie parfaitement avec le clou de girofle, aux vertus stimulantes et aux arômes subtils qui incitent à l'amour…

Cette préparation se conserve au moins un an, bien rebouché, à l'abri de la lumière et de la chaleur.

COUPETTES DE CHAMP' AUX FRUITS DE LA PASSION

Antioxydantes, stimulantes, tonifiantes

POUR 2 COUPETTES
PRÉPARATION : 5 MINUTES
PAS DE CUISSON

INGRÉDIENTS : 3 fruits de la passion ; 1 c. à c. de sirop de sucre de canne ; 4 glaçons ; 15 cl de champagne brut frais.

- Découpez les fruits de la passion en deux, recueillez-en la pulpe à l'aide d'une petite cuillère.
- Passez la chair dans un tamis si vous ne souhaitez pas consommer les graines.
- Versez la pulpe obtenue dans le bol du mixeur avec une cuillère à soupe d'eau, les glaçons et le sirop de sucre de canne et mixez.
- Déposez cette préparation au fond d'une coupe à champagne. Versez délicatement par-dessus le champagne. Servez aussitôt.

POURQUOI C'EST MAGIQUE

Le fruit de la passion et le champagne sont les deux piliers du désir ! Intimement mêlés, ils vous permettront de vous détendre agréablement.

HYPOCRAS (D'APRÈS UN APÉRITIF ÉPICÉ DU MOYEN ÂGE)

Tonifiant, antioxydant, reminéralisant

POUR 1 BOUTEILLE DE 75 CL (À CONSOMMER AVEC MODÉRATION)
PRÉPARATION : 5 MINUTES
PAS DE CUISSON
LAISSER MACÉRER UNE SEMAINE

INGRÉDIENTS : 1 c. à c. de cannelle en poudre ; 1 c. à c. de rhizome de gingembre haché, ou l'équivalent en rondelles (2-3 rondelles) ; 1 bonne pincée de noix de muscade moulue ; 50 g de sucre non raffiné (cassonade, mélasse, miel liquide... ou à défaut votre bon vieux sucre blanc !) ; 1 bouteille de bon vin (rouge de préférence et sans sulfites).

- Dans une jatte, mélangez intimement les épices. Adjoignez le sucre ou le miel. Mélangez bien. Versez alors progressivement le vin.
- À l'aide d'un entonnoir, versez ce mélange dans une bouteille en verre de 1 litre. Laissez mariner une semaine, à l'abri de la lumière. Filtrez alors le mélange, et réembouteillez. Servez à l'apéritif pour échauffer les sens et l'esprit, et plus si affinités...

POURQUOI C'EST MAGIQUE

Tous ces ingrédients ont des vertus aphrodisiaques légendaires, et en plus, cette recette ancestrale et mythique semble avoir fait ses preuves ! Rien que son nom évoque les fêtes médiévales, les danses et l'amour. Pour obtenir un hypocras de qualité, choisissez un bon vin rouge, comme un saint-émilion.

Cette préparation se conserve trois mois, bien rebouché, à l'abri de la lumière et de la chaleur.

Amuse-bouches sensuels

ENFILADE DE TOMATES CERISES PIMENTÉES

Antioxydante, stimulante, diurétique

POUR 2 PERSONNES (6 BROCHETTES)
PRÉPARATION : 10 MINUTES
PAS DE CUISSON

INGRÉDIENTS : 6 petites piques à brochettes de 10 à 12 cm de long ; 12 tomates cerises ; 125 g de mozzarella plutôt ferme (on peut la remplacer par du tofu pour les adeptes du végétalisme) ; 1 pêche jaune ; 1 pincée de piment de Cayenne (ou quelques gouttes de Tabasco) ; quelques feuilles d'aneth ; sel, poivre.

- Lavez et essuyez les tomates cerises. Découpez-les précautionneusement en deux.
- Découpez la mozzarella ou le tofu en cubes. Placez-les dans une jatte. Saupoudrez de piment de Cayenne et mélangez bien.
- Pelez la pêche. Coupez-la en deux, dénoyautez-la et détaillez-la en dés. Placez-les dans une jatte.
- Lavez, essuyez et ciselez l'aneth, mélangez-le avec les dés de pêche.
- Enfilez alors en alternance une demi-tomate cerise, un morceau de mozzarella (ou de tofu) et un dé de pêche. Salez, poivrez. Disposez dans un plat. Servez.

POURQUOI C'EST MAGIQUE

Le piment est tonifiant, la pêche est riche en antioxydants et l'aneth est vivifiant. Vous misez sur le tiercé gagnant !

TOASTINETTES AU FENOUIL ET AUX PIGNONS DE PIN

Diurétiques, stimulantes, réchauffantes

POUR 2 PERSONNES
PRÉPARATION : 10 MINUTES
CUISSON : 5 MINUTES

INGRÉDIENTS : 3 tranches de pain de mie sans croûte ; 2 c. à s. de crème fraîche épaisse ; quelques feuilles de fenouil ; 2 c. à s. de pignons de pin ; sel, poivre ; poivre rouge pour la déco.

- Aplatissez les tranches de pain de mie sans croûte au rouleau à pâtisserie, de manière à obtenir une pâte fine.
- Dans une jatte, mélangez ensemble la crème fraîche épaisse, les feuilles de fenouil lavées, essuyées et ciselées, un peu de sel et de poivre.
- Tartinez les tranches de pain de mie de cette préparation. Découpez-les en deux, en diagonale.
- Dans une poêle, faites griller à sec les pignons de pin. Répartissez-les harmonieusement sur les tranches de pain tartinées, et enfoncez-les légèrement à l'aide d'une cuillère plate en bois ou une spatule. Parsemez d'un tour de moulin de poivre rouge, et servez.

POURQUOI C'EST MAGIQUE

Les pignons de pin, riches en vitamine E, ont des vertus antioxydantes. Ils stimulent également la spermatogenèse. Quant au piment, il possède des propriétés vasodilatatrices et stimulantes qui agissent sur l'irrigation sanguine des organes génitaux.

PATATAS BRAVAS VOLUPTUEUSES

Tonifiantes, vitaminées, antioxydantes

POUR 2 PERSONNES
PRÉPARATION : 10 MINUTES
CUISSON : 20 MINUTES ENVIRON

INGRÉDIENTS : 4 pommes de terre moyennes ; 1 tomate bien mûre ; quelques gouttes de Tabasco ; 1 pincée de piment de Cayenne ; 1 branche de persil ; 2 gousses d'ail ; 2 c. à s. d'huile d'olive vierge extra.

- Faites cuire les pommes de terre à la vapeur, et pelez-les. Découpez-les en dés. Faites-les ensuite frire dans une poêle, à l'huile d'olive. Réservez-les.
- Dans la poêle, faites réduire la tomate lavée et découpée en dés avec les deux gousses d'ail pelées et hachées. Ajoutez le persil lavé, essuyé et ciselé en fin de cuisson, ainsi que le Tabasco et le piment de Cayenne.
- Placez dans un joli bol, et servez accompagné de piques.

POURQUOI C'EST MAGIQUE

Tant d'ingrédients aphrodisiaques réunis en un seul mets, cela relève du miracle ! Ce petit plat étant particulièrement relevé, évitez de vous jeter sur vos coupes de champagne pour éteindre le feu qui envahit vos bouches gourmandes. Car le champagne a également, nous l'avons vu, des vertus incendiaires…

DÉSIRADE DE CONCOMBRE SAUCE AU POIVRE BLANC

Minceur, drainante, tonifiante

POUR 2 PERSONNES
PRÉPARATION : 15 MINUTES
PAS DE CUISSON

INGRÉDIENTS : ½ concombre ; 7,5 cl de crème fraîche épaisse allégée ; 1 pincée de poivre blanc ; 1 c. à c. de concentré de tomates ; 1 petite branche de persil ; 1 pincée de sel.

- Pelez le concombre s'il n'est pas bio, lavez-le et essuyez-le dans le cas contraire. Débarrassez-vous des extrémités. Coupez-le en trois morceaux et découpez chaque morceau en bâtons.
- Pour la sauce, dans un bol, battez à la fourchette ou au fouet la crème fraîche, le concentré de tomates, le persil lavé, essuyé et ciselé, le poivre et le sel.
- Disposez les bâtons de concombre sur une jolie assiette. Servez avec la sauce, placée dans un bol, et faites donc mouillette autour d'un verre à l'apéritif.

POURQUOI C'EST MAGIQUE

La forme phallique du concombre – même en bâtonnets – réveille bien des ardeurs. Quant au poivre blanc, il donne un coup de fouet !

On peut, pour le plaisir des papilles et des yeux, panacher les bâtons de concombre avec des bâtons de carottes. Si la sauce vous paraît trop fade, rechargez en poivre, et c'est parti !

BÂTONS DE CÉLERI MARINÉS AVEC TENDRESSE

Diurétiques, stimulants, minceur

POUR 2 PERSONNES
PRÉPARATION : 5 MINUTES
PAS DE CUISSON
MARINADE : 10 MINUTES

INGRÉDIENTS : 100 g de céleri-rave ; 2 c. à s. bombées de fromage blanc à 0 % de matières grasses ; 1 c. à c. de sauce soja ; 1 c. à s. de jus de fruits rouges au choix ; 1 pincée de coriandre moulue ; 1 c. à c. de moutarde à l'estragon ; poivre.

- Découpez le céleri-rave épluché en bâtonnets. Placez-les dans une jatte avec la sauce soja et le jus de fruits. Laissez mariner 10 minutes.
- Pendant ce temps, préparez la sauce. Dans un ramequin, battez ensemble le fromage blanc, la coriandre, la moutarde et le poivre.
- Égouttez les bâtonnets de céleri et placez-les sur une jolie assiette, avec la sauce à part.

POURQUOI C'EST MAGIQUE

Le céleri est connu pour booster la libido. Quant au jus de fruits rouges, il est bourré d'antioxydants et de vitamine C.

JOLIES BROCHETTES DE RADIS ROSES À L'ESTRAGON

Drainantes, tonifiantes, antistress

POUR 2 PERSONNES
PRÉPARATION : 10 MINUTES
PAS DE CUISSON
MARINADE : 5 MINUTES

INGRÉDIENTS : 6 piques de 10 à 12 cm de long ; 6 radis roses (ou 3 longs que vous couperez en deux) ; 1 tranche de rôti de dinde ou de porc cuit ; 4 feuilles d'estragon ; 1 c. à s. de vinaigre balsamique ; sel, poivre.

- Lavez, épluchez et essuyez les radis. Coupez-les en deux (s'ils sont longs). Lavez, essuyez et ciselez l'estragon.
- Découpez la tranche de rôti en dés. Placez-les dans une jatte avec l'estragon, le vinaigre balsamique, le sel et le poivre. Laissez mariner 5 minutes.
- Enfilez successivement sur les piques un morceau de viande et un morceau de radis. Servez nature ou avec une petite sauce faite de crème fraîche (ou de fromage blanc), d'huile d'olive, de jus de citron, d'un peu de sel et de poivre.

POURQUOI C'EST MAGIQUE

On adore les radis pour leur petit goût piquant qui agace la langue ! Couplés avec la saveur légèrement sucrée du vinaigre balsamique, ils réveilleront les appétits les plus endormis... Il faut savoir que l'estragon contient (en très petite quantité) une substance spécifique, proche de celle contenue dans certaines pilules antistress... pour faire l'amour zen.

DÉS DE CAROTTE AU THYM

Diurétiques, stimulants, dépuratifs

POUR 2 PERSONNES
PRÉPARATION : 10 MINUTES
CUISSON : 2 MINUTES

INGRÉDIENTS : 1 carotte ; 1 branche de thym ou 1 c. à c. de thym surgelé ou déshydraté ; 1 branche de persil ; ½ c. à s. d'huile d'olive vierge extra ; 1 pincée de noix de muscade moulue ; 1 pincée de piment d'Espelette ; 1 pincée de sel.

- Pelez la carotte, découpez-la en dés.
- Faites chauffer de l'eau dans une petite casserole jusqu'à ébullition. Plongez-y les dés de carotte pendant 2 minutes pour les attendrir légèrement (ils doivent toutefois conserver leur croquant). Égouttez et laissez refroidir.
- Pendant ce temps, effeuillez le thym, lavez, essuyez et ciselez le persil. Incorporez-les aux dés de carottes.
- Placez les dés de carotte dans un ramequin. Arrosez d'huile d'olive, ajoutez la noix de muscade, le piment et le sel. Mélangez bien. Servez avec des piques.

POURQUOI C'EST MAGIQUE

Même en dés… la carotte est toujours associée à sa forme phallique qui suscite bien des fantasmes. Associé au thym, stimulant naturel, et au piment, qui donne un coup de fouet, ce petit amuse-gueule constitue une excellente entrée en matière.

ENROULADES DE JAMBON DE PARME À LA BANANE

Tonifiantes, réchauffantes, digestives

POUR 2 PERSONNES
PRÉPARATION : 5 MINUTES
PAS DE CUISSON

INGRÉDIENTS : 1 belle tranche de jambon de Parme ; ½ banane ; quelques gouttes d'extrait naturel de vanille ; 1 pincée de cannelle.

- Débarrassez le jambon de son gras si nécessaire.
- Passez au mixeur la demi-banane avec l'extrait de vanille et la cannelle, ou écrasez le tout à la fourchette.
- Tartinez la tranche de jambon de Parme de cette préparation. Enroulez délicatement sur une planche à découper ou un plan de travail. Découpez des rondelles à l'aide d'un couteau très tranchant, type couteau en céramique. Maintenez avec des piques. Servez.

POURQUOI C'EST MAGIQUE

Trois aliments aphrodisiaques, combinés au jambon de Parme à la saveur irremplaçable… une entrée en matière surprenante carrément exquise, qui ne laissera personne indifférent.

EXTASES D'ANANAS À LA VANILLE

Euphorisantes, apéritives, minceur

POUR 2 PERSONNES
PRÉPARATION : 5 MINUTES
PAS DE CUISSON

INGRÉDIENTS : 4 rondelles d'ananas en boîte ; 2 c. à s. de jus de fruits exotiques ; 1 pincée de vanille en poudre ; 1 c. à c. de rhum ambré.

- Rincez soigneusement les rondelles d'ananas pour vous débarrasser d'un maximum de sirop. Découpez les rondelles en dés.
- Placez-les dans une jatte, arrosez de jus de fruits, ajoutez la vanille et le rhum, mélangez bien. Servez avec des piques.

POURQUOI C'EST MAGIQUE

La vanille est à la fois apéritive et aphrodisiaque. Avec le rhum, légèrement euphorisant (à petites doses !), elle donnera à ces dés d'ananas tout pouvoir de réveiller les sens.

ASPERGES GOÛTEUSES ET LEUR CRÈME CHARNELLE

Drainantes, tonifiantes, revitalisantes

POUR 2 PERSONNES
PRÉPARATION : 5 MINUTES
CUISSON : ENVIRON 10 MINUTES

INGRÉDIENTS : 1 petite botte d'asperges ; 15 cl de crème fraîche épaisse ; 1 c. à c. de feuilles de coriandre ciselées ; 1 pincée de coriandre moulue ; 1 pointe de miel liquide ; 1 pointe de piment de Cayenne ; poivre, sel ; 1 pincée de gros sel.

- Lavez bien les asperges et faites-les cuire à la vapeur avec du gros sel (pas trop longtemps, elles doivent rester légèrement croquantes).
- Pendant ce temps, préparez la sauce : dans une jatte, mélangez la crème fraîche, les deux coriandres, le miel et le piment de Cayenne. Salez, poivrez.
- Une fois les asperges cuites, éliminez la partie trop fibreuse et gardez les pointes.
- Placez-les sur une assiette, en forme de soleil. Placez la sauce au milieu. Saupoudrez de quelques morceaux de coriandre ciselée que vous aurez réservée. Servez sans attendre.

POURQUOI C'EST MAGIQUE

De par sa forme et sa manière d'être consommée, l'asperge éveille la libido du plus chaste des êtres humains. Trempée dans la sauce et croquée devant son partenaire, c'est l'apothéose de la suggestion…

Entrées torrides

MOUILLETTES AU FOIE GRAS ET LEUR ŒUF MOLLET

Tonifiantes, antioxydantes

POUR 2 PERSONNES
PRÉPARATION : 5 MINUTES
CUISSON : 5 MINUTES

INGRÉDIENTS : 2 œufs bio ou de ferme, de préférence ; 2 tranches de pain de mie sans croûte ; 40 g de foie gras ; 1 pincée de sel de Guérande ; poivre.

- Faites chauffer de l'eau additionnée de vinaigre ou de gros sel dans une casserole et portez à ébullition. Plongez-y les œufs doucement grâce à une cuillère à soupe, et faites cuire 5 minutes.
- Pendant ce temps, faites griller les tranches de pain de mie et tartinez-les de foie gras. Saupoudrez de sel de Guérande. Poivrez légèrement.
- À l'issue de ces cinq minutes, plongez les œufs brièvement dans l'eau froide pour stopper la cuisson. Placez-les dans deux coquetiers et écaillez-les sur leur partie supérieure. Ouvrez-les en ôtant le « chapeau ». Salez et poivrez à votre convenance.
- Servez avec les mouillettes au foie gras, et laissez le charme agir.

POURQUOI C'EST MAGIQUE

« Faire mouillette », ça évoque beaucoup d'images sensuelles pour lesquelles nous jugeons inutile de vous faire un dessin. Outre le régal des yeux, le plaisir des papilles frôle le divin.

VELOUTÉ DE POIREAU À L'AIL ROSE DE LAUTREC

Drainant, tonifiant

POUR 2 PERSONNES
PRÉPARATION : 5 MINUTES
CUISSON : 25 MINUTES

INGRÉDIENTS : 200 g de courgettes pelées ; 250 g de blancs de poireaux ; 6 gousses d'ail rose de Lautrec ; 2 c. à s. d'huile d'olive vierge extra ; 15 cl de lait entier ; quelques brins de ciboulette ; 1 pincée de sel ; poivre.

- Lavez les blancs de poireaux et tronçonnez-les.
- Découpez les courgettes en quatre dans le sens de la longueur, puis tronçonnez-les également.
- Versez l'huile dans une cocotte. Faites chauffer à feu doux. Jetez-y les gousses d'ail pelées et écrasées. Faites-les fondre doucement en remuant constamment.
- Ajoutez les courgettes et les poireaux. Arrosez d'une tasse d'eau. Remuez. Faites cuire 5 minutes et versez ensuite un ½ litre d'eau, salez, poivrez. Couvrez et faites cuire à petits bouillons 15 minutes environ. Ajoutez le lait en fin de cuisson, remuez. Mixez le tout. Versez dans une soupière ou dans deux petits bols.
- Parsemez de ciboulette lavée, essuyée et ciselée, et servez.

POURQUOI C'EST MAGIQUE

Ail, poireau et ciboulette, de la famille des Alliacées, ont des vertus tonifiantes reconnues. Associés, ils vont faire un malheur en tête à tête et… sous la couette !

CRÈME D'ASPERGES VOLUPTUEUSE

Drainante, antioxydante, tonifiante

POUR 2 PERSONNES
PRÉPARATION : 5 MINUTES
CUISSON : 10 MINUTES

INGRÉDIENTS : 1 petit bocal en verre de pointes d'asperges et leur jus (110 g environ) ; 2 c. à s. de crème liquide ; 1 petit bouquet de persil ; 1 gousse d'ail ; 1 c. à c. d'huile de tournesol ; 1 pincée de sel ; poivre.

- Dans une casserole, placez les asperges avec leur jus. Ajoutez la moitié du persil lavé, essuyé et ciselé. Portez à ébullition et faites cuire 5 minutes environ.
- Dans une poêle, faites fondre doucement l'ail pelé et écrasé à l'huile d'olive pendant 5 minutes. Incorporez-le au contenu de la casserole. Coupez le feu. Adjoignez la crème fraîche. Mixez 2 minutes, jusqu'à obtention d'une préparation fluide et mousseuse.
- Versez dans de jolies jattes. Parsemez de persil haché et servez.

POURQUOI C'EST MAGIQUE

L'onctuosité de la crème d'asperges coule dans la gorge « comme le bon Dieu en culotte de velours »... Finement relevé par la saveur de l'ail, rendu mousseux par la crème fraîche, ce velouté devrait faire bien des miracles...

COCOTTES ÉGRILLARDES AU PIMENT DE CAYENNE ET AUX CÂPRES

Stimulantes, tonifiantes, digestives

RECETTE ÉPICÉE, ATTENTION AUX PAPILLES SENSIBLES !
POUR 2 PERSONNES
PRÉPARATION : 3 MINUTES
CUISSON : 8 MINUTES

INGRÉDIENTS : 2 œufs bio ou de ferme, de préférence ; 30 g d'emmenthal râpé ; 1 c. à c. de câpres ; 1 c. à s. de crème fraîche épaisse ; 1 noisette de beurre salé ; 1 belle pincée de piment de Cayenne ; 1 pincée de sel ; 1 pincée de poivre.

- Préchauffez votre four à 180 °C (th. 6).
- Versez la crème dans une jatte et ajoutez-y les œufs, les câpres, le sel, le poivre et le piment de Cayenne. Mélangez bien.
- Beurrez deux cocottes. Répartissez la moitié de la préparation dans chaque cocotte. Cassez un œuf dans chacune.
- Faites cuire au bain-marie 8 minutes environ et servez saupoudré d'un nuage de piment de Cayenne si vous voulez un résultat encore plus hot…

POURQUOI C'EST MAGIQUE

Le piment est un vasodilatateur avéré ; l'œuf, symbole de fécondité, vient s'y mêler harmonieusement. Le tout est rendu léger et digeste par les câpres, à la fois tonifiantes et dotées de propriétés digestives.

SOUPE DE MÂCHE AU GINGEMBRE FRAIS

Antioxydante, tonifiante, belle peau

POUR 2 PERSONNES
PRÉPARATION : 5 MINUTES
CUISSON : 30 MINUTES

INGRÉDIENTS : 125 g de mâche ; 1 pomme de terre moyenne ; 1 échalote ; 1 noix de beurre ; 5 g de racine de gingembre ; ½ litre d'eau ; sel, poivre.

- Pelez et hachez l'échalote et la racine de gingembre.
- Lavez, épluchez et essuyez la mâche.
- Faites revenir l'échalote, le gingembre et la mâche dans une cocotte, avec une noisette de beurre, pendant 5 minutes.
- Pelez la pomme de terre, détaillez-la en dés, et ajoutez-les au contenu de la cocotte. Versez le demi-litre d'eau et laissez frémir 20 minutes. Ajoutez le reste de beurre en fin de cuisson. Mixez le tout. Versez dans deux assiettes à soupe. Servez.

POURQUOI C'EST MAGIQUE

Également appelée « doucette », la mâche est riche en vitamine C, tonifiante ; quant au gingembre, on sait qu'il est consommé depuis des lustres pour ses propriétés aphrodisiaques.

MOUSSE DE CÉLERI LIBERTINE

Tonifiante, drainante, minceur

POUR 2 PERSONNES
PRÉPARATION : 5 MINUTES
CUISSON : 20 MINUTES

INGRÉDIENTS : 150 grammes de céleri-rave ; 50 g de pomme(s) de terre ; 20 g d'emmenthal râpé ; 1 blanc d'œuf ; 1 pincée de noix de muscade râpée ; 1 gousse d'ail ; 1 c. à c. d'huile d'olive vierge extra ; sel, poivre.

- Préchauffez le four à 180 °C (th. 6).
- Épluchez le céleri-rave et la/les pomme(s) de terre. Faites-les cuire à la vapeur pendant 10 minutes environ.
- Pendant ce temps, pelez et écrasez l'ail. Faites-le fondre à feu très doux dans une poêle, à l'huile d'olive, avec la noix de muscade, le sel et le poivre. Passez céleri et pomme(s) de terre au mixeur avec le contenu de la poêle pour obtenir une purée fluide.
- Battez le blanc en neige très ferme. Incorporez-le à la préparation, avec l'emmenthal râpé (réservez-en une belle pincée).
- Placez cette préparation dans deux ramequins, avec l'emmenthal râpé réservé par-dessus. Enfournez 10 minutes et servez.

POURQUOI C'EST MAGIQUE

Qui a dit que le céleri n'était pas glamour ? Servi en mousse, parfumé à la muscade, il est raffiné et particulièrement attractif…

POTAGE REVIGORANT AU THYM ET AU POIVRE NOIR

Digestif, ami du cœur

POUR 2 PERSONNES
PRÉPARATION : 10 MINUTES
CUISSON : 20 MINUTES

INGRÉDIENTS : 200 g de citrouille ou de potimarron ; 1 échalote ; 2 gousses d'ail ; 1 bouquet de thym ; 1 c. à c. d'huile d'olive vierge extra ; 10 cl de crème liquide ; sel ; poivre rouge.

- Ôtez l'écorce de la citrouille ou du potimarron avec un économe ou un petit couteau de cuisine. Détaillez la chair en dés. Faites-les cuire à petits bouillons dans un demi-litre d'eau avec le thym, le sel et le poivre.
- Dans une poêle, faites fondre doucement dans l'huile d'olive l'ail pelé et écrasé. Ajoutez-le au contenu de la casserole. Mélangez. Ajoutez la crème fraîche en fin de cuisson, et baissez le feu à frémissement.
- Ôtez le bouquet de thym et les petites feuilles qui auraient pu s'en détacher. Passez le tout au mixeur. Versez dans des assiettes creuses ou de jolis bols. Servez.

POURQUOI C'EST MAGIQUE

Le thym est reconnu depuis toujours pour ses vertus purifiantes et tonifiantes. Son goût magique se marie à merveille avec celui du potimarron ou de la citrouille à la belle couleur feu…

DÉLICAT ÉMINCÉ DE CAROTTES

Tonifiant, revigorant, minceur

POUR 2 PERSONNES
PRÉPARATION : 10 MINUTES
PAS DE CUISSON

INGRÉDIENTS : 2 carottes ; 1 petite pomme ou la moitié d'une grosse, bien sucrée, type boskoop ou granny smith ; 1 c. à s. de vinaigre balsamique ; 30 g de pignons de pin ; 2 c. à s. d'huile d'olive vierge extra ; 1 belle branche de coriandre ; sel, poivre.

- Épluchez les carottes (si elles ne sont pas bio, sinon gardez la peau pleine de vitamines). Râpez-les avec la grille de votre mixeur à gros trous (pas celle des carottes râpées, qui donne des morceaux trop fins). Procédez de la même manière pour la pomme (vous aurez ôté les pépins et le trognon.). Mélangez les deux.
- Faites griller les pignons de pin à sec dans une poêle antiadhésive. Incorporez-les à la préparation.
- Dans une jatte, versez l'huile d'olive, le vinaigre balsamique, la moitié de la coriandre lavée, essuyée et ciselée, le sel, le poivre. Versez ce mélange sur la préparation à base de carottes. Mélangez bien le tout. Disposez sur un joli plat. Parsemez de la coriandre hachée par-dessus, et servez.

POURQUOI C'EST MAGIQUE

Cette composition sucrée-salée ravit les sens ; elle regroupe de délicieux aliments qui non seulement stimulent les sens, mais aussi exaltent le palais… Bienvenue au paradis !

SALADE DE ROQUETTE AU PARMESAN ET AUX JOLIES GRAINES GERMÉES

Apaisante, revigorante, minceur

POUR 2 PERSONNES
PRÉPARATION : 5 MINUTES
PAS DE CUISSON

INGRÉDIENTS : 100 g de roquette fraîche ou en sachet ; 2 c. à s. de graines germées* ; 1 abricot frais (ou 2 abricots secs) ; 2 c. à s. de parmesan râpé ; 2 c. à s. d'huile d'olive vierge extra ; 1 c. à s. de vinaigre à l'échalote ; 1 c. à c. de moutarde forte ; sel, poivre.

- Lavez, épluchez et essorez la roquette.
- Lavez et dénoyautez l'abricot, détaillez-le en dés.
- Placez la roquette dans un saladier avec les graines germées bien rincées et essuyées, le parmesan et les dés d'abricot.
- Préparez la sauce : dans une jatte, battez ensemble l'huile, le vinaigre, la moutarde, le sel et le poivre.
- Versez cette sauce sur la salade. Mélangez tendrement. Servez.

POURQUOI C'EST MAGIQUE

La roquette possède un petit goût piquant qui excite les papilles et se marie parfaitement au goût sucré et à la texture fondante de l'abricot.

* À faire vous-même pour les habitués, ou à acheter en magasin bio.

Cakes luxurieux

CAKE PROVOCANT À LA TOMATE ET AU THON

Belle peau, ami du cœur, antioxydant

POUR 2 PERSONNES (ENVIRON 2 TRANCHES DE CAKE PAR PERSONNE)
PRÉPARATION : 10 MINUTES
CUISSON : 40 MINUTES

INGRÉDIENTS : 75 g de farine de blé ; ½ sachet de poudre à lever ; 1 œuf ; 2,5 cl d'huile d'olive vierge extra ; 5 cl de lait demi-écrémé ; 60 g de thon en boîte au naturel ; 1 petite boîte de concentré de tomates (70 g) ; 1 c. à s. de câpres ; 1 pincée de piment de Cayenne ; 30 g d'emmenthal râpé.

- Préchauffez le four à 180 °C (th. 6).
- Versez la farine dans un saladier, ajoutez la poudre à lever, creusez un puits. Cassez l'œuf en son centre, puis ajoutez le lait, les câpres, l'huile, le sel, le poivre, le piment de Cayenne, le concentré de tomates, l'emmenthal râpé et le thon émietté à la fourchette. Mélangez bien le tout.
- Versez dans un mini-moule à cake – pourquoi pas en forme de cœur ? – et enfournez pour 40 minutes.

POURQUOI C'EST MAGIQUE

Si la tomate est surnommée « pomme d'amour », ce n'est sans doute pas par hasard ! Le concentré de tomates et le piment de Cayenne donneront une belle couleur d'un rouge orangé à votre cake, couleur chaude, incitant à l'amour… N'hésitez pas à rajouter du paprika si vous souhaitez relever davantage la teinte de votre cake !

CAKE ÉPICURIEN AUX ÉPINARDS, À LA CANNELLE ET À LA NOIX DE MUSCADE

Antioxydant, bonne digestion, antirhumatisme

POUR 4 BELLES TRANCHES DE CAKE
PRÉPARATION : 20 MINUTES
CUISSON : 40 MINUTES

INGRÉDIENTS : 500 g d'épinards frais ou surgelés ; 150 g de fromage de chèvre frais ; 2 c. à s. de crème fraîche épaisse ; 1 œuf ; 2 c. à c. d'huile d'olive vierge extra ; 2 échalotes ; 1 pincée de cannelle ; 1 pincée de noix de muscade moulue ; sel, poivre.

- Préchauffez le four à 180 °C (th. 6).
- Faites fondre les épinards dans une poêle, à l'huile d'olive, à feu très doux, ou décongelez-les au micro-ondes. Hachez-les grossièrement. Pressez-les dans une passoire pour en extraire un maximum de jus.
- Dans une poêle à l'huile d'olive, faites fondre les échalotes pelées et hachées à feu très doux.
- Dans une jatte, battez ensemble les œufs, la crème fraîche, le fromage de chèvre frais, la cannelle et la noix de muscade. Ajoutez alors les épinards hachés. Mélangez bien le tout pour obtenir une préparation homogène.
- Versez dans un moule à cake petit modèle antiadhésif, et enfournez pour 30 minutes.

POURQUOI C'EST MAGIQUE

Fondant et crémeux, regroupant trois aliments aphrodisiaques ainsi que d'autres ingrédients particulièrement savoureux, ce cake est une excellente entrée en matière pour éveiller les sens.

GÂTEAU JOLI DE POIREAUX AUX ÉPICES

Dépuratif, minceur, tonifiant

POUR 4 TRANCHES ENVIRON
PRÉPARATION : 10 MINUTES
CUISSON : 25 MINUTES

INGRÉDIENTS : 4 blancs de poireaux ; 2 gousses d'ail ; 40 g de farine de blé ; 2 œufs ; 12,5 cl de crème fraîche ; 10 cl de lait (facultatif) ; 1 pincée de cannelle ; 1 pincée de noix de muscade ; quelques filaments de safran ; 1 c. à s. d'huile d'olive vierge extra ; sel, poivre.

- Lavez et essuyez les poireaux. Détaillez-les en rondelles. Faites-les fondre dans une poêle, à l'huile d'olive, avec l'ail écrasé et les épices. Couvrez et prolongez la cuisson à feu très doux.
- Pendant ce temps, placez la farine en fontaine dans une jatte. Ajoutez au centre les œufs, la crème, et un peu de lait si la préparation vous paraît trop épaisse.
- Versez la préparation dans un petit moule rond antiadhésif. Enfournez pour 25 minutes. Démoulez et servez avec une petite salade, mesclun ou roquette.

POURQUOI C'EST MAGIQUE

Pour un résultat encore plus hot, vous pouvez généreusement relever le tout au poivre rouge.

CAKE HÉDONISTE ET SON COULIS DE TOMATES

Belle peau, tonifiant, revigorant

POUR 4 TRANCHES ENVIRON
PRÉPARATION : 10 MINUTES
CUISSON : 40 MINUTES

INGRÉDIENTS : 1 tranche de jambon cuit bien épaisse ; 2 œufs ; 100 g de farine de blé ; 70 g d'emmenthal râpé ; 1 c. à c. bombée de moutarde forte ; 1 pincée de piment de Cayenne ; 1 pincée de gingembre moulu ; 2 c. à s. d'huile d'olive vierge extra ; 1 sachet de poudre à lever ; sel, poivre.

POUR LE COULIS : 60 cl de coulis de tomates ; basilic ou ciboulette ciselés à volonté ; 1 c. à s. d'huile d'olive vierge extra ; 1 pincée de sel ; poivre.

- Préchauffez le four à 190 °C (th. 6-7).
- Dans une jatte, mélangez la farine et la poudre à lever, et placez-les en fontaine. Cassez les œufs au centre, ajoutez la tranche de jambon découpée en dés, l'emmenthal râpé, la moutarde, le piment, le gingembre et l'huile d'olive ; salez, poivrez. Mélangez bien l'ensemble.
- Ajoutez de petites herbes magiques aphrodisiaques si vous en avez sous la main (aneth, coriandre, feuilles de céleri).
- Versez le tout dans un petit moule à cake. Enfournez pour 40 minutes.
- Pendant ce temps, préparez le coulis : versez le coulis de tomate dans une petite casserole et faites cuire à petits bouillons et ajoutez le reste des ingrédients. →

- Dix minutes après la fin de cuisson du cake, prolongez la cuisson du coulis dix minutes encore, au seuil de l'ébullition. La préparation doit réduire d'un tiers.
- Démoulez le cake sur une grille, attendez qu'il refroidisse un peu, puis disposez sur une assiette, versez le coulis dans un petit ramequin à part, et servez.

POURQUOI C'EST MAGIQUE

Une saveur piquante sans exagération, une consistance moelleuse à souhait, un coulis rouge passion qui vient relever le tout... Le corps et l'esprit seront en éveil !

MINICAKES AU SAUMON ET À L'ANETH

Tonifiants, amis du cœur, digestifs

POUR 2 PERSONNES
PRÉPARATION : 5 MINUTES
CUISSON : 30 MINUTES

INGRÉDIENTS : 1 tranche de saumon fumé ; 50 g de farine de blé ; 1 œuf ; ½ sachet de poudre à lever ; 2 c. à s. de lait demi-écrémé ; 1 c. à s. d'huile de pépins de raisin ; 50 g d'emmenthal râpé ; 1 bouquet d'aneth ; 1 pincée de gingembre ; sel, poivre.

- Préchauffez le four à 180 °C (th. 6).
- Dans une jatte, placez la farine en fontaine, mélangée à la poudre à lever. Cassez l'œuf au centre, puis versez le lait et l'huile. Ajoutez le saumon détaillé en carrés, l'emmenthal râpé, l'aneth lavé, essuyé et ciselé, le gingembre. Salez, poivrez.
- Versez dans deux petits moules individuels. Faites cuire 30 minutes maximum.
- Servez avec une sauce à la crème fraîche (ou au fromage blanc) battue avec un peu d'huile d'olive et de l'ail écrasé.

POURQUOI C'EST MAGIQUE ?

Le mariage de l'aneth et du saumon a fait ses preuves depuis des années ; le gingembre vient donner un peu plus de peps à cette recette mythique.

CAKE STIMULANT AUX 3 POIVRES

Revigorant, ami du cœur, belle peau

POUR 2 PERSONNES
PRÉPARATION : 10 MINUTES
CUISSON : 30 MINUTES

INGRÉDIENTS : 200 g de feta ; 125 g de poivron rouge ; 125 g de farine de blé ; ½ sachet de poudre à lever ; 2 œufs ; 1 pincée de poivre blanc ; 1 pincée de poivre noir ; 1 pincée de poivre rouge ou, à défaut, de piment de Cayenne ou d'Espelette ; 10 cl d'huile d'olive vierge extra ; 1 bouquet de basilic ; sel.

- Préchauffez le four à 170 °C (th. 5-6).
- Découpez la feta égouttée et le poivron rouge lavé et essuyé en cubes.
- Disposez dans une jatte la farine mélangée à la poudre à lever. Versez au milieu l'huile, cassez-y les œufs, mélangez, puis ajoutez les poivres et le basilic lavé, essuyé et ciselé. Salez. Mélangez encore.
- Versez le tout dans un petit moule à cake. Enfournez pour 30 minutes.

POURQUOI C'EST MAGIQUE

Trois poivres différents pour faire monter la température, des ingrédients succulents : de quoi rendre l'atmosphère propice aux rapprochements… Augmentez les doses de poivre (ou de piment) pour un résultat plus ou moins hot (mais ne buvez pas tout le champagne sous prétexte que vous avez la bouche en feu !).

CAKE BADIN À L'ASPERGE ET AU THYM

Réchauffant, minceur, drainant

POUR 2 PERSONNES
PRÉPARATION : 10 MINUTES
CUISSON : 35 MINUTES

INGRÉDIENTS : 1 petit bocal d'asperges (110 g, égouttées) ; 50 g de gruyère râpé ; 50 g de farine de blé ; 1 gros œuf ; 10 cl d'huile de pépins de raisin ; 2 gouttes d'huile essentielle de thym ; ½ sachet de poudre à lever ; sel, poivre.

- Rincez les asperges, égouttez-les, pressez-les légèrement dans un torchon propre pour en exprimer le jus.
- Placez la farine dans une jatte, avec la poudre à lever. Ajoutez le gruyère râpé, formez un puits. Placez au centre l'œuf, les tronçons d'asperges, l'huile et l'huile essentielle. Salez, poivrez. Mélangez délicatement le tout.
- Versez la préparation dans un moule antiadhésif. Enfournez pour 35 minutes.

POURQUOI C'EST MAGIQUE

L'huile essentielle de thym donne à ce cake tout son parfum du Midi, et on évite ainsi les petits brins qui peuvent rester entre les dents… ce qui ne donne pas vraiment un sourire glamour !

GÂTEAU ROUGE PASSION

Excitant, antioxydant, digestif, antiseptique

POUR 2 PERSONNES
PRÉPARATION : 10 MINUTES
CUISSON : 30 MINUTES

INGRÉDIENTS : 100 g de maïzena ; 2 œufs ; ½ sachet de poudre à lever ; 7,5 cl d'huile d'olive vierge extra ; 6 tomates séchées ; 1 c. à c. de paprika ; 1 c. à c. de curcuma ; 1 c. à s. de concentré de tomates ; 100 g de comté ; sel, poivre.

- Préchauffez le four à 180 °C (th. 6).
- Découpez les tomates séchées et le comté en dés.
- Dans une jatte, mélangez la farine et la poudre à lever, et formez un puits. Cassez-y les œufs. Ajoutez l'huile, les tomates séchées, le paprika, le curcuma, le concentré de tomates et le comté. Salez, poivrez. Mélangez bien le tout. La préparation doit être d'un beau rouge orangé.
- Versez dans un petit moule à cake. Enfournez pour 30 minutes environ.

POURQUOI C'EST MAGIQUE

Rien qu'à sa couleur, les sens sont… sens dessus dessous ! Quant à son goût, il n'a rien de fade, et permet de réveiller les amants les plus fainéants !

Plats hot / Poissons

DÉS DE REQUIN À L'ANETH

Minceurs, antioxydants, digestifs

POUR 2 PERSONNES
PRÉPARATION : 10 MINUTES
CUISSON : 10 MINUTES
MARINADE : 10 MINUTES

INGRÉDIENTS : 300 g de pavés de requin ; 1 branche d'aneth ; 2 gousses d'ail ; 7,5 cl de vin blanc sec ; 2 c. à s. de yaourt bulgare ; 1 c. à s. de miel ; 1 pincée de thym ; 2 c. à s. d'huile d'olive vierge extra ; 1 c. à s. de vinaigre de cidre ; poivre à volonté ; 1 pincée de sel.

- Découpez les pavés de requin en dés. Placez-les dans une jatte avec l'aneth lavé, essuyé et ciselé, l'ail pelé et écrasé, la moitié du vin blanc sec, le miel, le vinaigre, l'huile d'olive, du sel et du poivre.
- Après 10 minutes, versez une cuillère à soupe d'huile dans un wok. Quand elle est chaude, placez-y les dés de requin sans la marinade et faites-les dorer sur toutes les faces. Versez le reste de la marinade quand le requin est doré. Rectifiez l'assaisonnement si nécessaire.
- Baissez le feu, ajoutez le yaourt bulgare, remuez, prolongez la cuisson 2 minutes et servez avec du boulghour à la sauce tomate, par exemple.

POURQUOI C'EST MAGIQUE

Même si ses vertus aphrodisiaques n'ont rien de prouvé, la chair de requin évoque la puissance et la voracité. Vous trouverez du requin sur les marchés exotiques. Agrémenté d'ingrédients à la réputation sulfureuse, il fera un effet… bœuf.

HUÎTRES POÊLÉES AU GINGEMBRE ET AU CHAMPAGNE

Santé des os et des dents, antioxydantes, énergisantes

POUR 2 PERSONNES
PRÉPARATION : 10 MINUTES
CUISSON : 4 MINUTES

INGRÉDIENTS : une douzaine d'huîtres ; 5 cl de crème fraîche ; 1 noisette de beurre ; 10 g de racine de gingembre pelée (ou en poudre) ; le contenu d'une coupe de champagne ; sel, poivre.

- Ouvrez les huîtres, rincez-les et égouttez-les. Rincez les parties inférieures des coquilles, essuyez-les et réservez-les.
- Dans une poêle, faites fondre le beurre. Placez-y les huîtres, la crème, le gingembre, le sel, le poivre et arrosez de champagne. Faites cuire une minute trente par face. Replacez dans les demi-coquilles, six par assiette, saupoudrez de ciboulette ciselée et servez.

POURQUOI C'EST MAGIQUE

Bourrées de zinc, une substance supposée booster la production de la testostérone, les huîtres sont synonymes de raffinement et de glamour. Cuites, elles ont ce petit quelque chose en plus qui les rendra particulièrement appétissantes.

PAVÉS DE SAUMON ENIVRANTS À L'ANETH ET AU POIVRE ROUGE

Bons pour le cœur, revigorants, antioxydants

POUR 2 PERSONNES
PRÉPARATION : 10 MINUTES
CUISSON : 30 MINUTES

INGRÉDIENTS : 2 pavés de saumon ; 4 échalotes ; 2 gousses d'ail ; 2 c. à s. de crème fraîche épaisse ; 1 petit bouquet d'aneth ; 1 c. à s. d'huile d'olive vierge extra ; sel, poivre rouge.

- Préchauffez le four à 180 °C (th. 6).
- Lavez, essuyez et ciselez l'aneth.
- Pelez et hachez les échalotes, pelez et écrasez l'ail.
- Ôtez, si nécessaire, les dernières arêtes des pavés de saumon à l'aide d'une pince à épiler.
- Faites fondre les échalotes dans une poêle, à l'huile d'olive, à feu très doux. Ajoutez l'aneth ciselé et la crème fraîche. Salez, poivrez. Faites cuire 10 minutes environ.
- Répartissez ensuite ce mélange dans un plat allant au four. Disposez le saumon par-dessus. Salez et assaisonnez de poivre rouge. Recouvrez d'une feuille de papier aluminium. Enfournez pour 20 minutes environ. Servez avec du riz... sauvage.

POURQUOI C'EST MAGIQUE

Le saumon sera fondant à souhait cuit de cette manière, au four, sur un lit d'échalotes. Quant aux aliments aphrodisiaques qui viennent compléter cette recette, ils achèveront de contenter les sens.

BROCHETTES DE GAMBAS PIMENTÉES AU SÉSAME

Santé des os et des dents, tonifiantes, bonnes pour le cœur

RECETTE PIMENTÉE, ATTENTION AUX PAPILLES SENSIBLES !
POUR 2 PERSONNES
PRÉPARATION : 15 MINUTES
CUISSON : 7 MINUTES ENVIRON

INGRÉDIENTS : quelques piques à brochettes ; 10 gambas ; 10 petits champignons de Paris crus ; 2 c. à s. de chapelure ; 2 c. à s. de graines de sésame ; 2 gousses d'ail ; 1 petit bouquet de ciboulette ; 2 c. à s. d'huile d'olive vierge extra ; 1 pincée de piment d'Espelette ; sel, poivre.

- Préchauffez le four à 180 °C (th. 6), position gril.
- Décortiquez les gambas. Placez-les dans une grande jatte avec la chapelure, l'huile d'olive, les graines de sésame, l'ail pelé et écrasé, la ciboulette lavée, essuyée et ciselée, le sel, le poivre. Mélangez bien le tout.
- Enfilez sur des piques, en alternance avec les champignons de Paris, et faites cuire 3 à 5 minutes par face.
- Disposez sur un joli plat, saupoudrez de piment d'Espelette et servez.

POURQUOI C'EST MAGIQUE

Fondantes et moelleuses, avec un petit côté croquant en surface, ces brochettes incitent ceux qui osent les croquer à devenir audacieux, grâce au poivre, à l'ail et au piment qu'elles recèlent. N'oublions pas que les gambas sont riches en zinc, qui influencerait la synthèse de certaines hormones sexuelles.

NOIX DE SAINT-JACQUES DORÉES AUX OREILLONS D'ABRICOTS

Antioxydantes, belle peau, antistress

POUR 2 PERSONNES
PRÉPARATION : 5 MINUTES
CUISSON : 10 MINUTES

INGRÉDIENTS : 10 noix de Saint-Jacques fraîches ou surgelées ; 5 abricots ; 1 c. à s. de miel ; 2 échalotes ; 1 petit bouquet de persil ; 10 cl de bon vin blanc ; 1 noisette de beurre ; sel, poivre.

- Rincez les Saint-Jacques (faites-les décongeler dans du lait le cas échéant).
- Dénoyautez les abricots en les coupant en deux (vous obtiendrez deux oreillons à chaque fois).
- Lavez, essuyez et ciselez le persil.
- Pelez et hachez menu les échalotes.
- Faites fondre le beurre dans une poêle et faites revenir les échalotes jusqu'à ce qu'elles soient devenues transparentes.
- Ajoutez les noix de Saint-Jacques et les oreillons d'abricots, et faites-les dorer sur les deux faces. Ajoutez à mi-cuisson le miel, le persil et arrosez au vin blanc. Salez, poivrez.
- Disposez sur de jolies assiettes et servez.

POURQUOI C'EST MAGIQUE

La cuisine de l'amour raffole de ces plats sucrés/salés raffinés… et faciles à faire. Ce qui vous permettra de passer moins de temps en cuisine, et davantage au lit !

LOTTE FONDANTE AUX POIREAUX

Minceur, drainante, antioxydante

POUR 2 PERSONNES
PRÉPARATION : 10 MINUTES
CUISSON : 15 MINUTES

INGRÉDIENTS : 200 g de lotte ; 175 g de blancs de poireaux ; 15 cl de crème fraîche liquide ; 15 cl de vin blanc sucré ; ½ c. à c. de noix de muscade moulue ; ½ c. à c. de coriandre moulue ; 1 c. à s. d'huile d'arachide ; sel, poivre.

- Découpez la lotte en cubes.
- Lavez les blancs de poireaux et détaillez-les en rondelles.
- Versez l'huile dans une poêle et faites chauffer à feu moyen. Faites-y fondre les rondelles de poireaux.
- Ajoutez ensuite les cubes de lotte et faites-les dorer sur toutes les faces en utilisant une cuillère en bois pour ne pas les abîmer. Ajoutez la crème fraîche, remuez et versez le vin blanc, la noix de muscade et la coriandre ; salez, poivrez. Baissez le feu.
- Prolongez la cuisson 5 minutes, et servez.

POURQUOI C'EST MAGIQUE

La lotte cuisinée au vin blanc sucré prend une texture fondante et tendre comme un cœur de jeune fille ! Pour encore plus de plaisir, vous pouvez saupoudrer le tout d'amandes effilées et grillées vite fait à sec dans une poêle antiadhésive.

MOULES MARINIÈRES AU CHAMPAGNE

Antioxydantes, santé du cœur, minceur

POUR 2 PERSONNES
PRÉPARATION : 20 MINUTES
CUISSON : 15 MINUTES

INGRÉDIENTS : 2 litres de moules ; 15 cl de champagne ; 10 g de beurre ; 2 échalotes ; 2 gousses d'ail ; 1 petit bouquet de persil ; 1 pincée de gingembre ; sel, poivre.

- Nettoyez les moules en les brossant sous l'eau courante. Rincez plusieurs fois à l'eau claire.
- Pelez et hachez les échalotes et l'ail. Lavez, essuyez et ciselez le persil.
- Faites fondre le beurre dans un faitout, il ne doit surtout pas noircir. Faites-y suer les échalotes, ajoutez l'ail et le gingembre. Ajoutez le persil, les moules et le champagne. Mélangez bien. Couvrez et faites cuire 10 minutes environ à feu doux. En fin de cuisson, les moules doivent être ouvertes (il y aura des exceptions, que vous jetterez).
- Placez les moules dans deux petites cocottes fermées, servez avec un bol pour les coquilles.

POURQUOI C'EST MAGIQUE

Les moules symbolisent bien sûr le sexe de la femme. Le champagne est le vin le plus glam au monde (cocorico). Gingembre et poivre viennent relever le tout : régalez-vous, et filez au lit… ou en toute autre place qu'il vous plaira !

GRATINADE AFFECTUEUSE DE COLIN PIMENTÉ

Santé du cœur, revigorante, belle peau

POUR 2 PERSONNES
PRÉPARATION : 20 MINUTES
CUISSON : 20 MINUTES

INGRÉDIENTS : 2 pavés de colin ; 4 gousses d'ail ; 1 branche de menthe ; 2 tomates ; 2 c. à s. de concentré de tomates ; 10 cl de crème fraîche épaisse ; 25 g de gruyère râpé ; 1 pincée de piment de Cayenne ; 1 c. à s. d'huile d'olive vierge extra ; sel, poivre.

- Préchauffez le four à 180 °C (th. 6).
- Pelez et écrasez l'ail. Lavez, essuyez et ciselez la menthe.
- Découpez les pavés de colin en petits cubes. Procédez de même pour les tomates.
- Dans une jatte, mélangez le concentré de tomates et la crème fraîche avec 15 g de gruyère râpé, du sel et du poivre.
- Dans une poêle, faites chauffer l'huile. Faites-y dorer les cubes de colin. Ajoutez alors les dés de tomates et prolongez la cuisson 2 minutes.
- Disposez le colin dans deux petits plats à gratin. Recouvrez de la préparation contenue dans la jatte, puis du gruyère râpé restant. Saupoudrez d'un peu de piment de Cayenne supplémentaire si vous n'avez pas froid aux yeux.
- Enfournez pour 15 minutes environ, jusqu'à ce que les gratins soient dorés à souhait.

→

POURQUOI C'EST MAGIQUE

Deux petits gratins adorables et parfaitement relevés, bien fondants, aux couleurs chaudes, qui sauront régaler le palais sans peser sur l'estomac, ce qui est bien utile pour pratiquer des activités coquines toute la nuit…

DÉS DE THON MARINÉS AU JUS DE BANANE

Tonifiants, minceur, revigorants

POUR 2 PERSONNES
PRÉPARATION : 10 MINUTES
CUISSON : 15 MINUTES
MARINADE : 15 MINUTES

INGRÉDIENTS : 2 pavés de thon ; 15 cl de jus de banane ; 1½ banane ; quelques gouttes d'extrait naturel de vanille ; 1 poivron rouge ; 1 oignon ; 1 c. à s. d'huile d'olive vierge extra ; sel, poivre.

- Découpez les pavés de thon en cubes. Placez-les dans un saladier. Versez le jus de banane par-dessus, ajoutez la vanille, le sel, le poivre, et mélangez bien.
- Lavez le poivron, essuyez-le, découpez-le en petits dés.
- Pelez et hachez l'oignon. Dans une poêle, faites chauffer l'huile. Faites-y fondre les oignons hachés, puis ajoutez les dés de poivron. Réservez le tout.
- Dans cette même poêle, faites dorer les dés de thon égouttés sur toutes les faces, pendant 5 à 10 minutes. Rajoutez un peu d'huile si nécessaire. Ajoutez ensuite poivron et oignon. Arrosez de marinade, relevez l'assaisonnement si nécessaire. Disposez sur un joli plat, décorez de rondelles de banane et servez.

POURQUOI C'EST MAGIQUE

Cette recette aux accents exotiques réveillera le plus endormi des amants ! Privilégiez dans vos plats la banane Cavendish, qui contiendrait une substance proche de la dopamine.

BAR EN PAPILLOTES AU JUS DE CITRON VERT ET À LA GRENADE

Antioxydant, belle peau, confort intestinal

POUR 2 PERSONNES
PRÉPARATION : 10 MINUTES
CUISSON : 30 MINUTES

INGRÉDIENTS : 2 filets de bar de 150 g environ chacun ; 1 branche de céleri ; le jus d'un demi-citron vert ; 1 grenade ou 10 cl de jus de grenade ; 1 oignon ; 1 c. à s. d'huile d'olive vierge extra ; sel, poivre.

- Hachez la branche de céleri.
- Pelez et hachez finement l'oignon.
- Récupérez les grains de grenade en la coupant en deux et en la plongeant dans l'eau : les grains se détacheront naturellement des filaments blanchâtres.
- Disposez les filets de bar sur deux feuilles de papier aluminium. Ajoutez le céleri, les grains de grenade, l'oignon haché, arrosez de jus de citron et d'huile d'olive, salez, poivrez. Fermez hermétiquement les papillotes. Enfournez pour 30 minutes.

POURQUOI C'EST MAGIQUE

Piquant et sucré à la fois, ce plat raffiné saura éveiller l'appétit des papilles avant d'œuvrer sur l'éveil des sens amoureux. Mention spéciale pour les grains de grenade, d'un beau rouge passion.

Plats hot / Viandes

CUISSES DE COQ AU VIN ROUGE

Minceur, revigorantes, antioxydantes

POUR 2 PERSONNES
PRÉPARATION : 10 MINUTES
CUISSON : 1 HEURE

INGRÉDIENTS : 2 cuisses de coq ; 20 cl de bon vin rouge ; 2 gousses d'ail ; 1 branche de thym ; 10 cl de crème fraîche épaisse ; 100 g de champignons de Paris ; 1 c. à s. d'huile d'arachide ; sel, poivre à volonté.

- Pelez et écrasez l'ail et l'oignon.
- Versez l'huile dans une cocotte. Quand elle est chaude, faites-y fondre l'oignon, ajoutez l'ail, les champignons de Paris lavés, essuyés et détaillés en lamelles, puis faites-y dorer les cuisses de coq sur les deux faces. Arrosez de vin rouge, ajoutez le thym. Salez, poivrez à volonté.
- Couvrez. Laissez mijoter pendant 30 minutes, et servez.

POURQUOI C'EST MAGIQUE

Le coq est l'animal de la virilité par excellence… Prière de ne pas choisir des cuisses de chapon, qui est un coq castré… le pauvre.

PAVÉS DE TAUREAU AU PIMENT D'ESPELETTE

Revigorants, bonne circulation sanguine, bons pour le cœur

POUR 2 PERSONNES
PRÉPARATION : 10 MINUTES
CUISSON : 3 MINUTES PAR FACE

INGRÉDIENTS : 2 pavés de taureau AOP ; 30 cl de bon vin rouge ; 2 échalotes ; 1 belle noisette de beurre ; la pointe d'un couteau de piment d'Espelette ; sel, poivre.

- Pelez et hachez les échalotes. Faites-les revenir à feu doux dans une poêle, avec la moitié du beurre. La préparation ne doit surtout pas noircir. Versez le vin rouge, ajoutez le piment d'Espelette et faites réduire d'un tiers. Réservez.
- Placez le restant de beurre dans la poêle. Faites cuire les pavés 3 minutes par face environ (selon la cuisson souhaitée).
- Versez la sauce réservée, prolongez la cuisson 1 minute, et servez avec du riz de Camargue.

POURQUOI C'EST MAGIQUE

Le taureau évoque également la virilité. Une foule d'expressions imagées, certes pas toujours très raffinées, mais on ne peut pas tout avoir dans la vie, viennent à l'esprit au sujet de cet animal réputé pour son énergie sexuelle...

Malheureusement, la viande de taureau ne se trouve pas partout, vous pouvez dans ce cas la remplacer par du bœuf.

MARINADE DE BŒUF AU PIMENT DE CAYENNE

Minceur, équilibrante, tonifiante

POUR 2 PERSONNES
PRÉPARATION : 5 MINUTES
PAS DE CUISSON
MARINADE : 1 HEURE

INGRÉDIENTS : 125 g de carpaccio de bœuf ; le jus d'un citron vert + 1 citron vert pour la décoration ; quelques branches de coriandre fraîche ; 1 belle pincée de piment de Cayenne ; 2 c. à s. d'huile d'olive vierge extra ; sel, poivre.

- Dans une jatte, mélangez le jus de citron, l'huile d'olive, le piment de Cayenne et la coriandre lavée, essuyée et ciselée. Salez, poivrez, et mélangez bien.
- Disposez les fines tranches de bœuf dans la préparation, imprégnez-les bien du mélange. Placez au frais 1 heure au moins.
- Au sortir du réfrigérateur, disposez sur des assiettes, et décorez de quartiers de citron vert.

POURQUOI C'EST MAGIQUE

Du bœuf cru, bien pimenté, ça incite à penser « bestial » et « animal »... Quand vous savourerez cette recette, vous ne vous contenterez plus de penser : vous agirez.

BROCHETTES CHARNELLES AU POULET ET AU CITRON

Minceur, santé des os et des dents, antioxydantes

POUR 2 PERSONNES (4 PETITES BROCHETTES)
PRÉPARATION : 15 MINUTES
CUISSON : 10 MINUTES

INGRÉDIENTS : 4 petites piques à brochettes ; 200 g de poulet cru ; 1 poivron rouge ; 2 petits oignons ; 1 citron ; le jus d'un demi-citron ; 1 petit bouquet de persil ; quelques gouttes de Tabasco ; sel, poivre.

- Préchauffez le four (position gril) à 180 °C (th. 6).
- Découpez le poulet en dés.
- Lavez, essuyez le poivron. Ouvrez-le, épépinez-le, ôtez les filaments blanchâtres, découpez-le en dés.
- Découpez les oignons en quartiers. Idem pour le citron, mais recoupez chaque moitié en quatre.
- Lavez, essuyez et ciselez le persil.
- Dans un bol, placez les morceaux de poulet, versez le jus de citron par-dessus, ajoutez le persil, le Tabasco, le sel et le poivre. Mélangez bien. Enfilez les morceaux sur les brochettes, en alternance avec les morceaux de poivron, d'oignons et de citron. Enfournez le tout, environ 5 minutes par face. Régalez-vous.

POURQUOI C'EST MAGIQUE

Acidulées et légèrement pimentées, légères sur l'estomac, ces brochettes se laisseront dévorer sans vous alourdir. Ce qui n'est pas le but recherché, entre nous, n'est-ce pas ?

DÉS DE POULET AU PIMENT OISEAU

Minceur, tonifiants, probiotiques

RECETTE PIMENTÉE, ATTENTION AUX PAPILLES SENSIBLES !
POUR 2 PERSONNES
PRÉPARATION : 10 MINUTES
CUISSON : 20 MINUTES

INGRÉDIENTS : 400 g de blanc de poulet ; 15 cl de coulis de tomates ; 2 petites tomates ; 1 oignon ; 1 échalote ; 1 petit piment oiseau ; 2 c. à s. de sauce soja ; 1 pincée de gingembre moulu ; 1 c. à s. d'arachide ; sel, poivre.

- Pelez et hachez l'échalote, pelez et écrasez l'ail.
- Lavez, essuyez les tomates, détaillez-les en dés.
- Dans une poêle, faites fondre l'échalote à l'huile d'olive, jusqu'à ce qu'elle soit devenue transparente. Ajoutez alors l'ail, le piment oiseau, la sauce soja, le gingembre et les dés de dinde. Salez, poivrez. Faites dorer les petits morceaux de poulet sur toutes leurs faces. Ajoutez les dés de tomates et le coulis. Remuez. Faites cuire à feu très doux.
- Ôtez le piment oiseau avant de servir, avec du riz d'un blanc virginal…

POURQUOI C'EST MAGIQUE

Le piment oiseau est, de toutes les espèces de piments, celle qui est réputée pour contenir la plus grande quantité de capsaïcine, l'une des substances les plus stimulantes du piment.

SAUTÉ DE BŒUF À LA CORIANDRE LICENCIEUSE

Vasodilatateur, vitaminé, antioxydant

POUR 2 PERSONNES
PRÉPARATION : 10 MINUTES
CUISSON : 5 MINUTES

INGRÉDIENTS : 250 g de rumsteck ; 1 petit poivron rouge ; 2 gousses d'ail ; quelques gouttes de sauce Worcestershire ; 2 c. à s. d'huile d'olive vierge extra ; 1 petit bouquet de coriandre ; sel, poivre blanc.

- Pelez et écrasez l'ail. Découpez le morceau de rumsteck en cubes. Lavez le poivron, épépinez-le, découpez-le en dés. Lavez, essuyez et ciselez la coriandre.
- Faites chauffer une cuillère à soupe d'huile dans une poêle. Faites-y revenir les dés de poivron. Ajoutez l'ail, la coriandre, salez, poivrez. Réservez la préparation.
- Versez alors l'autre cuillère à soupe d'huile d'olive, faites chauffer à feu vif, et faites dorer les dés de rumsteck sur toutes les faces. Arrosez de sauce Worcestershire.
- Ajoutez la préparation réservée, salez, poivrez, mélangez, rajoutez un peu de sauce Worcestershire ou de piment en poudre si vous souhaitez un résultat hot, et servez avec du riz et des haricots rouges.

POURQUOI C'EST MAGIQUE

Comme le taureau, le bœuf évoque la force et la fougue. Un petit peu d'ail, de coriandre, de sauce Worcestershire et de poivre par-dessus, et le tour (du lit) est joué !

VOLUPTUEUX MAGRETS DE CANARD AUX FIGUES ET AUX PIGNONS DE PIN

Amis du cœur, antioxydants, belle peau

POUR 2 PERSONNES
PRÉPARATION : 10 MINUTES
CUISSON : 15 MINUTES

INGRÉDIENTS : 2 petits magrets de canard ; 4 figues bien mûres (fraîches) ; 2 c. à s. de pignons de pin ; 1 c. à s. de cassonade ; 1 c. à s. de vinaigre aromatisé à l'échalote ; 5 cl de jus de fruits rouges (raisin, grenade, canneberge…) ; sel, poivre.

- Faites griller les pignons à sec dans une poêle antiadhésive et réservez.
- Entaillez la peau des magrets de canard avec un couteau, en formant des croisillons. Faites-les cuire dans une poêle antiadhésive, 7 minutes côté peau et 3 minutes côté chair. Réservez-les au chaud.
- Lavez les figues et coupez-les en deux. Faites-les fondre dans la poêle, dans la graisse des magrets.
- Dans une jatte, mélangez ensemble la cassonade, le vinaigre et le jus de fruits rouges. Versez ce mélange sur les figues. Faites cuire 5 minutes, au seuil de l'ébullition.
- Découpez les magrets. Placez les morceaux dans un joli plat. Nappez de sauce, disposez les pignons grillés par-dessus et servez sans attendre.

POURQUOI C'EST MAGIQUE

Le magret de canard est un mets fin, prisé de tous. Associé à la figue et aux pignons, il donne un résultat détonnant capable de stimuler celui ou celle qui se croyait épuisé(e).

FILETS DE POULET ÉPICÉ AU GINGEMBRE CONFIT

Minceur, réchauffants, tonifiants

RECETTE PIMENTÉE, ATTENTION AUX PAPILLES SENSIBLES !
POUR 2 PERSONNES
PRÉPARATION : 10 MINUTES
CUISSON : 10 MINUTES
MARINADE : 15 MINUTES

INGRÉDIENTS : 2 filets de poulet ; 2 c. à c. de gingembre confit ; ½ c. à c. de paprika ; une pincée de piment de Cayenne ; 1 c. à s. de ketchup ; 2 c. à s. d'huile d'olive vierge extra ; sel, poivre.

- Hachez le gingembre confit. Placez-le dans un plat avec le paprika, le piment, le ketchup et une cuillère à soupe d'huile. Salez, poivrez. Placez les filets dans cette marinade pendant 15 minutes.
- Versez l'huile restante dans une poêle. Faites-y dorer les filets, à feu moyen, environ 5 minutes par face. Rajoutez un peu d'eau ou d'huile si les filets risquent d'attacher. Servez avec une semoule à la cannelle.

POURQUOI C'EST MAGIQUE

À mi-chemin entre le piquant et le sucré-salé, cette recette étonne les papilles ; pour sûr, elle saura également attiser le désir !

POITRINE DE PORC GRILLÉE AU MIEL ET AUX AMANDES

Antioxydante, boosteur de moral, vitaminée

POUR 2 PERSONNES
PRÉPARATION : 10 MINUTES
CUISSON : 8 MINUTES
MARINADE : 1 HEURE

INGRÉDIENTS : 2 tranches de poitrine de porc fumées ; 1 c. à s. de miel d'acacia ; 1 c. à s. de jus d'orange ; 1 c. à c. de curry ; 1 c. à c. de paprika ; 1 c. à s. de poudre d'amandes ; 2 c. à s. d'huile d'olive vierge extra ; sel, poivre.

- Mélangez ensemble le miel, le jus d'orange, le curry, le paprika, les amandes en poudre, le sel, le poivre. Laissez mariner 1 heure au moins au réfrigérateur.
- Préchauffez le four à 180 °C (th. 6), position gril.
- Disposez les tranches de poitrine sur un plat, retournez à mi-cuisson et servez avec une jolie salade verte.

POURQUOI C'EST MAGIQUE

Un subtil mélange d'épices et d'ingrédients sucrés qui rendra cette recette particulièrement succulente. À déguster tel quel ou à l'apéritif, détaillé en bâtonnets, avec des piques.

BOULETTES DE BŒUF BOULEVERSANTES AU PAPRIKA

Digestives, stimulantes, bonne mine

POUR 2 PERSONNES
PRÉPARATION : 15 MINUTES
CUISSON : 10 MINUTES

INGRÉDIENTS : 250 g de viande de bœuf hachée ; 1 petit oignon ; la pointe d'un couteau de piment d'Espelette ; 2 c. à c. de câpres ; 2 c. à c. de farine ; 2 c. à s. d'huile d'olive vierge extra ; 1 pincée de sel ; 1 pincée de poivre.

POUR LA SAUCE : 100 ml de concentré de tomates ; 1 gousse d'ail ; ½ c. à c. de paprika ; ½ c. à c. de racine de gingembre râpée (un petit tronçon) ; sel, poivre à volonté.

- Pelez et hachez l'oignon menu.
- Rincez et égouttez les câpres.
- Mélangez le tout avec la viande hachée, salez, poivrez. Formez des boulettes de la taille d'une balle de ping-pong et roulez-les dans la farine.
- Préparez la sauce : pelez et écrasez l'ail. Versez un peu d'huile dans une poêle. Quand elle est chaude, faites-y dorer l'ail à feu doux. Ajoutez ensuite le paprika et le gingembre, puis versez le concentré de tomates. Salez, poivrez.
- Dans une autre poêle, versez le restant d'huile. Quand elle est chaude, placez-y les boulettes et faites-les dorer uniformément. Versez la sauce par-dessus. Prolongez la cuisson 5 minutes et servez avec des haricots verts ou des pointes d'asperges poêlées.

→

POURQUOI C'EST MAGIQUE

On retrouve ici un concentré d'ingrédients aphrodisiaques. Si vous n'avez peur de rien, saupoudrez le tout de feuilles de menthe fraîche finement ciselées.

CÔTELETTES D'AGNEAU EXTATIQUES À L'AIL ET AU GINGEMBRE

Tonifiantes, amies du cœur, digestives

POUR 2 PERSONNES
PRÉPARATION : 5 MINUTES
CUISSON : 5 À 7 MINUTES

INGRÉDIENTS : 4 côtelettes d'agneau ; 10 g de rhizome de gingembre ; 4 gousses d'ail ; 1 c. à s. de sauce soja ; 1 noisette de beurre ; sel, poivre.

- Pelez et hachez le gingembre, pelez et écrasez l'ail. Disposez les côtelettes sur une grande assiette, arrosez de sauce soja, et parsemez de gingembre et d'ail.
- Dans une poêle, faites fondre le beurre. Faites cuire les côtelettes à feu moyen sur les deux faces et servez avec des pommes de terre grenaille.

POURQUOI C'EST MAGIQUE

Particulièrement tendre et goûteuse, la viande d'agneau contraste avec la saveur piquante du gingembre et de l'ail. Contraste réussi, si l'on en croit les amoureux ayant testé cette recette...

Plats hot / Plats végétariens

DUO DE POIVRONS AU RIZ THAÏ

Sans gluten, antioxydant, antirhumatismal

POUR 2 PERSONNES
PRÉPARATION : 10 MINUTES
CUISSON : COMPTEZ LE TEMPS DE CUISSON DU RIZ + 10 MINUTES POUR LE RESTE

INGRÉDIENTS : 150 g de riz thaï ; 2 petits poivrons (un rouge, un vert) ; 2 échalotes ; 2 gousses d'ail ; 1 pincée de noix de muscade râpée ; 1 branche de coriandre fraîche ; 1 c. à s. d'huile d'arachide ; sel, poivre.

- Faites cuire le riz en suivant les instructions figurant sur l'emballage.
- Pendant ce temps, pelez et hachez les échalotes, pelez et écrasez l'ail. Lavez, essuyez et épépinez les poivrons, détaillez-les en petits dés.
- Dans une poêle, faites chauffer l'huile à feu moyen. Faites-y fondre les échalotes, ajoutez les poivrons, terminez par l'ail, la noix de muscade et la moitié de la coriandre. Salez, poivrez.
- Égouttez le riz quand il est encore légèrement croquant (évitez l'effet « bouillie »). Mélangez-le délicatement avec le contenu de la poêle. Disposez dans un joli plat. Parsemez de coriandre ciselée et servez.

POURQUOI C'EST MAGIQUE

Le riz thaï, naturellement parfumé, s'accorde parfaitement avec l'arôme de la coriandre. Leurs saveurs mêlées instaurent une atmosphère de sensualité. Avec un peu de noix de muscade et de l'ail, c'est la porte ouverte vers le paradis…

TARTELETTES GOURMANDES AUX ÉPINARDS ET À L'AIL ROSE

Santé des os et des dents, antioxydantes, tonifiantes

POUR 2 TARTELETTES
PRÉPARATION : 10 MINUTES
CUISSON : 20 MINUTES

INGRÉDIENTS : 1 rouleau de pâte à tarte toute faite ou maison ; 2 poignées d'épinards frais ; 6 gousses d'ail rose ; 1 c. à s. de crème fraîche ; 1 c. à s. de miel liquide ; 2 c. à s. d'huile d'olive vierge extra ; sel, poivre.

- Préchauffez le four à 180 °C (th. 6).
- Découpez deux petits cercles dans la pâte à tarte, un peu plus grands que la taille de vos petits moules à tarte, et garnissez les moules avec. (Vous pouvez utiliser le reste de pâte pour faire d'autres tartelettes ou des amuse-bouches tout simples, avec par exemple un morceau de saucisse ou de fromage au centre d'un morceau de pâte enroulé.)
- Pelez et écrasez l'ail. Lavez les épinards. Épongez-les dans un torchon propre. Ôtez la tige centrale si elle est trop fibreuse.
- Versez l'huile d'olive dans la poêle et faites-la chauffer à feu moyen. Faites-y fondre les feuilles d'épinards en remuant. Ajoutez l'ail et le miel en fin de cuisson, puis la crème fraîche. Salez, poivrez. Mélangez bien. Faites cuire jusqu'à ce que les épinards soient bien fondus.
- Répartissez la préparation dans les moules à tarte. Enfournez pour 20 minutes environ.

→

POURQUOI C'EST MAGIQUE

Les épinards frais, crus ou cuits, sont un véritable délice. Attention à bien faire évaporer toute l'eau des épinards avant d'ajouter les autres ingrédients, pour ne pas détremper la pâte. Pour un effet aphrodisiaque « aggravé », chargez en épices : une petite pincée de piment de Cayenne ou de gingembre moulu, et le tour est joué !

DÉLICATES BROCHETTES DE TOFU AU JUS DE RAISIN

Minceur, antioxydantes, anticholestérol

POUR 2 PERSONNES
PRÉPARATION : 10 MINUTES
CUISSON : 10 MINUTES

INGRÉDIENTS : quelques piques à brochettes ; 125 g de tofu nature ; 1 petite courgette ; 3 c. à s. de jus de raisin rouge ; 1 abricot ; 1 branche de menthe ; 1 c. à s. d'huile d'arachide ; 1 pincée de safran ; sel, poivre.

- Découpez le tofu en cubes, pelez la courgette, détaillez-la en cubes également, lavez l'abricot, essuyez-le, dénoyautez-le, découpez-le en dés.
- Lavez, essuyez et ciselez la menthe. Placez-en la moitié dans une jatte, avec les ingrédients cités précédemment. Salez, poivrez. Faites mariner quelques minutes.
- Enfilez ensuite les ingrédients sur des brochettes : le tofu, les dés de courgette, les dés d'abricot.
- Dans une poêle, faites chauffer l'huile. Faites-y dorer les brochettes sur toutes les faces. Placez dans un joli plat. Saupoudrez de safran et du reste de la menthe. Servez.

POURQUOI C'EST MAGIQUE

Le tofu s'imprègne parfaitement de la saveur des ingrédients : ici, c'est le jus de raisin qui lui donne sa petite saveur sucrée pas désagréable du tout ! Quant à l'ajout de cubes d'abricot, il vient transformer ce plat en véritable gourmandise.

TENDRES BOUCHÉES DE PATATES DOUCES AU GINGEMBRE FRAIS

Bonne mémoire, probiotiques, anticancer

POUR 2 PERSONNES
PRÉPARATION : 15 MINUTES
CUISSON : 20 MINUTES

INGRÉDIENTS : 125 g de patates douces ; 75 g de farine de blé ; 1 c. à s. de miel ; 1 pincée de piment d'Espelette ; 10 g de rhizome de gingembre ; 6 c. à s. d'huile d'arachide ; sel, poivre.

- Versez la farine en fontaine. Versez le miel au centre, le piment, le gingembre, puis adjoignez 7,5 cl d'eau tiède. Incorporez en fouettant afin d'obtenir une préparation homogène.
- Pelez la ou les patates douces. Détaillez en julienne ou, plus facile, râpez avec la grosse grille de votre mixeur (avec des trous plus gros que ceux de la grille pour les carottes râpées).
- Faites chauffer l'huile dans une poêle. Quand elle est bien chaude, versez-y des cuillères à soupe de la préparation, faites cuire sur les deux faces, jusqu'à épuisement du mélange. Épongez sur de l'essuie-tout et servez, saupoudré de l'épice hot de votre choix…

POURQUOI C'EST MAGIQUE

La patate douce est réputée pour sa chair juteuse et parfumée. Ainsi préparée, épicée avec amour, elle se laissera croquer avant que vous vous laissiez croquer à votre tour.

TRIOLISME DE CÉRÉALES, SAUCE TOMATE RELEVÉE

Ami du système nerveux, antioxydant, stimulant

RECETTE PIMENTÉE, ATTENTION AUX PAPILLES SENSIBLES !
POUR 2 PERSONNES
PRÉPARATION : 10 MINUTES
CUISSON : 20 MINUTES ENVIRON

INGRÉDIENTS : 40 g de riz basmati ; 40 g de millet (ou quinoa, qui n'est pas une céréale, mais qui est cuisiné comme tel) ; 40 g de boulghour ; 2 c. à s. bombées de concentré de tomates ; 1 belle tomate bien mûre ; 4 gousses d'ail ; 1 c. à c. de paprika ; 1 pincée de piment d'Espelette ; 1 c. à s. d'huile d'olive vierge extra ; sel, poivre.

- Faites cuire les céréales dans trois récipients différents, en vous référant aux mentions figurant sur les emballages. Elles doivent rester légèrement *al dente*.
- Pendant ce temps, préparez la sauce : dans une poêle, faites fondre à feu très doux l'ail haché et écrasé.
- Dans une casserole, versez le concentré de tomates, un peu d'eau tiède, l'huile, le paprika, le piment, du sel et du poivre. Incorporez l'ail cuit.
- Mélangez harmonieusement les trois céréales. Disposez sur un plat. Versez la sauce en croix ou en spirale par-dessus. Saupoudrez de paprika ou, pour les plus audacieux, de piment d'Espelette. Servez.

POURQUOI C'EST MAGIQUE

Les céréales sont de bons pourvoyeurs d'énergie, de quoi tenir toute la nuit et réviser le Kama-sutra.

RONDELLES DE POMMES DE TERRE AUX TROIS POIVRES

Effet prébiotique, anticancer, sérénité

POUR 2 PERSONNES
PRÉPARATION : 5 MINUTES
CUISSON : 15 MINUTES

INGRÉDIENTS : 400 g de pommes de terre nouvelles ; 2 têtes d'ail ; 1 petit bouquet de ciboulette ; 1 pincée de poivre noir ; 1 pincée de poivre blanc ; 1 pincée de poivre rouge ; 2 c. à s. d'huile d'olive vierge extra ; sel.

- Lavez les pommes de terre et épluchez-les si elles ne sont pas bio. Découpez-les en rondelles.
- Ôtez les gousses des têtes d'ail sans les éplucher.
- Faites chauffer l'huile dans une poêle à feu moyen. Jetez-y les pommes de terre et les gousses d'ail. Salez, ajoutez les trois poivres. Remuez bien. Couvrez. Baissez le feu. Laissez cuire 15 minutes en remuant très souvent (vous pouvez secouer la poêle avec le couvercle).
- Servez ensuite les pommes de terre sur un plat, parsemées de ciboulette lavée, essuyée et ciselée.

POURQUOI C'EST MAGIQUE

Un petit plat tout simple à faire mais excellent à déguster à deux. En tapas ou en plat principal, avec des piques, c'est parfait ! Les carnivores et les affamés pourront prendre ce plat comme accompagnement de leurs mets préférés : pavés de taureau, brochettes de bœuf ou tout autre aliment *caliente* !

COMPOTÉE DE POIREAUX AU DOUX MIEL D'ACACIA

Diurétique, énergisante, digestive

POUR 2 PERSONNES
PRÉPARATION : 10 MINUTES
CUISSON : 30 MINUTES

INGRÉDIENTS : 2 blancs de poireaux ; 1 c. à s. de crème fraîche épaisse ; 1 c. à s. de miel d'acacia ; 1 branche de thym ; sel, poivre.

- Lavez soigneusement les blancs de poireaux et découpez-les en tronçons d'un centimètre d'épaisseur.
- Faites fondre le beurre dans une cocotte. Placez-y les tronçons de poireaux et le thym, et faites cuire 5 minutes en remuant fréquemment pour éviter qu'ils noircissent.
- Ajoutez alors la crème fraîche et le miel. Mélangez bien. Vous pouvez ajouter un peu de lait demi-écrémé si la préparation vous paraît trop épaisse. Baissez le feu au minimum et prolongez la cuisson 20 minutes.
- Disposez dans deux petits ramequins ou deux petites cocottes couvertes, ôtez le thym, donnez un tour de moulin à poivre, et servez.

POURQUOI C'EST MAGIQUE

La texture particulièrement fondante du blanc de poireau, associée au goût délicat du miel d'acacia, provoque la détente dans un premier temps… pour mieux exciter ensuite la tension ! N'hésitez pas à y aller franco sur le poivre pour réveiller les plus endormis !

COCOTTES AUX PETITS LÉGUMES ET À LA FIGUE

Antioxydantes, belle peau, énergisantes

POUR 2 COCOTTES
PRÉPARATION : 10 MINUTES
CUISSON : 10 MINUTES

INGRÉDIENTS : 2 figues fraîches ; 1 carotte ; 2 échalotes ; 40 g de comté râpé ; 1 c. à s. de miel ; 1 c. à s. d'huile d'olive ; sel, poivre.

- Préchauffez le four à 180 °C (th. 6).
- Dans une poêle, faites fondre les échalotes pelées et hachées à l'huile d'olive. Ajoutez la carotte découpée en julienne en fin de cuisson.
- Lavez les figues, découpez-les en quartiers. Placez-les dans des cocottes individuelles. Disposez par-dessus les échalotes, arrosez de miel, parsemez de comté râpé. Enfournez pour 10 minutes.
- Servez accompagné d'une salade de roquette, avec une vinaigrette à l'huile de sésame et au vinaigre balsamique.

POURQUOI C'EST MAGIQUE

La figue et le miel renvoient tout droit aux contes des *Mille et Une Nuits*. À vous de vous inventer en Schéhérazade pour faire de ces cocottes propices à l'amour une excellente mise en bouche.

CONCOMBRE SAUTÉ À LA MOUTARDE ET À LA MENTHE FRAÎCHE

Minceur, stimulant, vasodilatateur

POUR 2 PERSONNES
PRÉPARATION : 10 MINUTES
CUISSON : 10 MINUTES

INGRÉDIENTS : 1 concombre ; 2 c. à s. de crème fraîche épaisse allégée ; 1 petit bouquet de menthe ; 1 c. à s. de moutarde aromatisée à l'estragon ; 1 c. à s. d'huile d'olive vierge extra ; sel, poivre.

- Pelez le concombre s'il n'est pas bio, et découpez-le en quatre dans le sens de la longueur, ainsi qu'en tronçons.
- Faites chauffer l'huile dans la poêle. Faites-y fondre les tronçons de concombre à feu doux, jusqu'à ce qu'ils deviennent transparents.
- Ajoutez la crème fraîche, la moutarde, salez, poivrez et mélangez bien. Laissez cuire encore 5 minutes à feu doux.
- Disposez sur un plat, saupoudrez de menthe lavée, essuyée et ciselée, et servez seul, ou en accompagnement.

POURQUOI C'EST MAGIQUE

La forme phallique du concombre n'est pas évidente dans cette recette où une vilaine petite main l'a tronçonné menu, mais le mot garde sa magie. Quant à la menthe, elle donne au plat un petit goût exotique qui donne des envies d'ailleurs…

OMELETTE BAVEUSE À LA TRUFFE

Tonifiante, énergisante, antioxydante

POUR 2 PERSONNES
PRÉPARATION : 5 MINUTES
CUISSON : 5 À 7 MINUTES

INGRÉDIENTS : 4 œufs ; 20 g de truffe ; 1 noisette de beurre ; sel, poivre.

- La veille, placez les œufs avec la truffe dans une boîte hermétique. Placez une feuille de papier absorbant sous la truffe pour en capter l'excédent d'humidité.
- Le lendemain, découpez la truffe en fines lamelles.
- Cassez les œufs et battez-les en omelette. Faites-les cuire en omelette dans une poêle, au beurre. Ajoutez les lamelles de truffe en fin de cuisson, pour les chauffer et non les cuire.
- Servez avec une petite salade de roquette ou de mesclun.

POURQUOI C'EST MAGIQUE

Rare et chère, la truffe fait rêver et fantasmer. On sait que ce sont les truies en chaleur qui sont chargées de dégotter les truffes, car leur arôme leur rappelle une certaine hormone sécrétée par les testicules du verrat… Alors, les gourmandes… toutes des coquines ?

OMELETTE AUX DÉS DE TOMATES JUTEUSES

Légère, belle peau, tonifiante

POUR 2 PERSONNES
PRÉPARATION : 5 MINUTES
CUISSON : 8 MINUTES

INGRÉDIENTS : 4 œufs ; 2 échalotes ; 2 petites tomates bien mûres ; 1 c. à s. de crème fraîche ; 1 belle branche de persil ; 2 c. à s. d'huile d'olive vierge extra ; sel, poivre.

- Pelez et hachez les échalotes.
- Lavez les tomates, pelez-les, détaillez-les en dés.
- Lavez, essuyez et ciselez le persil.
- Versez l'huile dans une poêle, faites-y fondre les échalotes, puis ajoutez les dés de tomates. Salez, poivrez. Remuez.
- Dans une jatte, battez ensemble les œufs et la crème fraîche. Versez cette préparation dans la poêle. Prolongez la cuisson pour obtenir une omelette baveuse, disposez-la pliée en deux sur un joli plat, parsemez de persil haché, et servez.

POURQUOI C'EST MAGIQUE

Toute dorée, cette omelette doit tout son fondant quasi érotique à la crème fraîche qu'elle recèle et à sa cuisson légère, légère !

TORTILLA ÉPICÉE AUX ASPERGES

Diurétique, tonifiante, dépurative

RECETTE PIMENTÉE, ATTENTION AUX PAPILLES SENSIBLES !
POUR 2 PERSONNES
PRÉPARATION : 5 MINUTES
CUISSON : 3 MINUTES

INGRÉDIENTS : 4 œufs ; 1 petit bocal d'asperges (110 g, égouttées) ; 1 gousse d'ail ; 1 bonne pincée de piment de Cayenne ; 1 c. à s. d'huile d'olive vierge extra ; sel, poivre.

- Rincez et égouttez les asperges. Découpez-les en tronçons. Pelez et écrasez l'ail. Versez l'huile d'olive dans une poêle. Faites-y fondre les morceaux d'asperge à feu doux. Ajoutez l'ail en fin de cuisson.
- Dans une jatte, battez les œufs avec le piment, du sel, du poivre. Versez cette préparation dans la poêle. Faites cuire à feu moyen 3 minutes sans remuer le mélange. Retournez la tortilla, soit en la faisant sauter (pour les plus agiles), soit en la faisant glisser sur une assiette, puis en replaçant l'autre face dans la poêle (pour les moins audacieux). Prolongez la cuisson 3 minutes.
- Disposez sur une assiette, et quand la tortilla est tiède ou refroidie, découpez-la en parts (ou en cubes à l'apéritif) et servez. Il est également possible de faire cuire cette tortilla au four, préchauffé à 180 °C (th. 6), pendant 10 minutes.

POURQUOI C'EST MAGIQUE

Cette tortilla se picore sans faim ni fin entre deux câlins.

Desserts d'amour

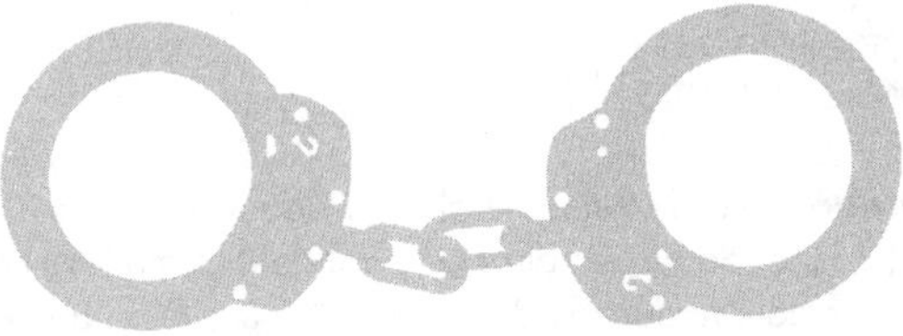

TENDRES CARRÉS AU GINGEMBRE

Tonifiants, énergétiques, belle peau

POUR 2 PERSONNES
PRÉPARATION : 10 MINUTES
CUISSON : 25 MINUTES

INGRÉDIENTS : 60 g de farine de blé ; ¼ de sachet de poudre à lever ; 1 c. à c. de gingembre moulu (ou de rhizome frais haché) ; 1 pincée de poudre de clou de girofle ; 1 œuf ; 80 g de miel liquide ; 50 g de beurre.

- Préchauffez le four à 180 °C (th. 6).
- Faites fondre le beurre à feu doux dans une petite casserole.
- Disposez la farine en fontaine dans une jatte. Ajoutez la poudre à lever, le gingembre, la poudre de clou de girofle, le miel liquide et le beurre fondu. Mélangez bien le tout pour obtenir une pâte lisse. Utilisez un petit fouet manuel ou électrique si nécessaire.
- Beurrez et farinez un petit moule carré. Versez la préparation dans ce moule, et saupoudrez de graines de sésame.
- Enfournez pour 20 minutes. Quand le gâteau est refroidi, découpez-le en carrés, disposez sur une jolie assiette et servez.

POURQUOI C'EST MAGIQUE

Miel, gingembre et sésame... Cela fait rêver ! Cerise sur le gâteau : disposez à côté des carrés au gingembre des morceaux de gingembre confit. Servez avec un thé à la menthe...

CONFITURE DE MANGUE AU POIVRE ET À LA MENTHE

Antioxydante, tonifiante, belle peau

POUR 1 POT
PRÉPARATION : 15 MINUTES
CUISSON : 30 MINUTES
REPOS : 2 HEURES

INGRÉDIENTS : 1 à 2 mangues (environ 300/350 g) ; 250 g de sucre en poudre ; 1 belle pincée de poivre rouge ; 1 branche de menthe fraîche ; quelques gouttes d'extrait naturel de vanille.

- Pelez la ou les mangues, et découpez-les en dés. Placez-les dans une jatte avec les noyaux, le sucre, le poivre et la menthe fraîche lavée, essuyée et finement ciselée. Laissez mariner 2 heures au moins.
- Versez ensuite dans une cocotte. Portez à ébullition et maintenez 30 minutes, sans écumer. Ôtez les noyaux, versez dans un pot à ras bord (il ne doit pas rester d'air), puis fermez hermétiquement avec un couvercle à vis.
- Essuyez l'excédent avec un torchon ou de l'essuie-tout, retournez le pot, laissez-le refroidir, stockez et consommez quand vous voulez, pourquoi pas avec des carrés au gingembre…

POURQUOI C'EST MAGIQUE

Les fruits exotiques ont tous une connotation paradisiaque. La mangue ne faillit pas à cette réputation. Associée en confiture à la menthe, au poivre et à la vanille, substances aphrodisiaques, elle emmène directement au septième ciel.

SALADE DE FRUITS EXOTIQUES À LA VANILLE

Boosteur d'immunité, antioxydante, tonifiante

POUR 2 PERSONNES
PRÉPARATION : 5 MINUTES
PAS DE CUISSON

INGRÉDIENTS : 2 kiwis ; 3 rondelles d'ananas en boîte ; la moitié d'un petit melon ; quelques gouttes d'extrait naturel de vanille ; 1 c. à c. d'eau de fleur d'oranger.

- Pelez les kiwis et découpez-les en rondelles, que vous couperez ensuite en quatre.
- Rincez abondamment les rondelles d'ananas à l'eau claire pour en éliminer le sucre. Découpez chaque tranche en huit morceaux.
- Épépinez la moitié de melon et coupez-la en deux, débarrassez-vous de l'écorce et découpez la chair en dés.
- Ajoutez l'extrait naturel de vanille et l'eau de fleur d'oranger. Mélangez bien.
- Disposez dans deux coupelles, avec le jus, placez au frais 1 heure si vous le souhaitez, et servez.

POURQUOI C'EST MAGIQUE

Les fruits exotiques sont particulièrement riches en vitamines tonifiantes. Leurs arômes subtils, bien développés par la douceur de la vanille, deviennent un véritable régal.

MOUSSE DE CHOCOLAT AUX FEUILLES DE MENTHE FRAÎCHE

Tonifiante, digestive, antioxydante

POUR 2 PERSONNES
PRÉPARATION : 5 MINUTES
CUISSON : 3 À 5 MINUTES

INGRÉDIENTS : 50 g de chocolat noir extra ; 2 œufs ; 1 petite branche de menthe.

- Faites fondre le chocolat cassé en petits morceaux dans une petite casserole ou au micro-ondes, avec une cuillère à soupe d'eau.
- Battez les blancs en neige très ferme.
- Dans une jatte, battez ensemble le chocolat fondu et les jaunes d'œufs.
- Lavez, essuyez et ciselez très finement la menthe. Gardez six feuilles pour la décoration. Incorporez les feuilles de menthe hachées à la préparation chocolat + jaunes d'œufs, puis adjoignez délicatement les blancs d'œufs battus.
- Placez dans deux coupes, décorez de feuilles de menthe entières, et servez.

POURQUOI C'EST MAGIQUE

So british! Si les Anglais raffolent de ce duo menthe/chocolat, ce n'est sûrement pas par hasard : ces saveurs se complètent parfaitement pour réjouir les papilles et aiguiser les sens. *Really? Oh my God!*

SORBET AU CHAMPAGNE

Tonifiant, minceur, désaltérant

POUR 2 PERSONNES
PRÉPARATION : 5 MINUTES
CUISSON : 5 MINUTES ENVIRON
RÉFRIGÉRATION : 1 H 30

INGRÉDIENTS : 25 cl de champagne ; 50 g de miel liquide ; quelques gouttes de jus de citron ; 5 cl d'eau ; 1 blanc d'œuf.

- Dans une casserole, versez l'eau et le jus de citron. Mélangez. Ajoutez progressivement le miel. Diluez. Portez à ébullition sans cesser de remuer. Coupez le feu une fois le point d'ébullition atteint.
- Laissez refroidir, en remuant de temps en temps.
- Versez alors le champagne, progressivement, en mélangeant constamment. Versez dans un bac à glace. Laissez prendre 30 minutes. Mixez. Replacez au congélateur 1 heure et servez, nature ou décoré de fruits rouges (2 ou 3 framboises, des rondelles de fraises…).

POURQUOI C'EST MAGIQUE

Le champagne, c'est le vin de la fête et de l'amour. En version « givrée », il ne peut que rendre audacieux le plus frileux des amants. Pour ajouter à l'effet aphrodisiaque, servez ce sorbet avec une flûte de champagne.

DOUCES TARTELETTES AUX FIGUES

Antioxydantes, vitaminées, revigorantes

POUR 2 PERSONNES
PRÉPARATION : 5 MINUTES
CUISSON : 25 MINUTES

INGRÉDIENTS : 1 pâte à tarte toute faite ou maison ; 4 figues fraîches ; 2 c. à s. de miel ; 10 g de beurre.

- Préchauffez le four à 180 °C (th. 6).
- Découpez avec un bol deux disques de pâte à tarte. Réservez le restant pour un autre usage (petits fours pour l'apéritif…). Disposez dans deux petits moules à tartelette. Faites chauffer à blanc 5 minutes.
- Pendant ce temps, lavez les figues et coupez-les en dés.
- Récupérez vos moules avec votre pâte précuite. Disposez-y les dés de figues. Arrosez de miel, disposez le beurre en petits morceaux. Enfournez pour 20 minutes.

POURQUOI C'EST MAGIQUE

L'aspect rouge luisant de la figue ouverte, arrosée de miel, incite à la gourmandise de tous les sens. Un dessert bien sucré, comme on les aime, qui vient couvrir un repas léger, avant de passer à des plaisirs plus secrets.

CRÈMES RENVERSANTES À LA CANNELLE

Réchauffantes, tonifiantes, digestives

POUR 2 CRÈMES
PRÉPARATION : 3 MINUTES
CUISSON : 6 MINUTES

INGRÉDIENTS : 40 g de cassonade ; quelques gouttes d'extrait naturel de vanille ; ½ c. à s. de maïzena ; 25 cl de lait ; ½ c. à c. de cannelle moulue.

- Délayez la maïzena dans deux ou trois cuillères à café de lait. Versez le restant de lait dans une petite casserole. Ajoutez au contenu de la casserole la cassonade, la vanille et la cannelle, puis mélangez bien. Portez à ébullition sans cesser de remuer. Ajoutez alors la maïzena délayée et faites cuire à petits bouillons 1 minute.
- Versez dans deux ramequins, laissez refroidir, puis placez au frais au moins 1 heure.
- Parsemez de cannelle moulue avant de servir.

POURQUOI C'EST MAGIQUE

C'est fondant, sucré et parfumé. C'est léger, ça se mange sans faim… La petite note gourmande indispensable pour conclure.

BANANES POCHÉES ET LEUR JUS VANILLÉ

Effet prébiotique, énergétiques, stimulantes

POUR 2 PERSONNES
PRÉPARATION : 2 MINUTES
CUISSON : 5 MINUTES

INGRÉDIENTS : 2 bananes pas trop mûres ; 1 gousse de vanille ; 25 cl d'eau ; 30 g de cassonade.

- Pelez les bananes et découpez-les en tronçons (trois/quatre morceaux selon la taille).
- Versez l'eau dans une casserole, ajoutez la gousse de vanille fendue, la cassonade. Portez à ébullition et réglez le feu sur petits bouillons. Plongez alors les bananes 3 minutes environ. Sortez du sirop et réservez dans des coupes. Faites réduire le sirop aux deux tiers. Ôtez la gousse de vanille, versez sur les tronçons de bananes et servez chaud, ou refroidi.

POURQUOI C'EST MAGIQUE

La saveur de la banane demeure, son fondant se développe, avec une belle saveur de vanille à la clé. Pour rendre l'aspect encore plus magique, décorez d'anis étoilé ou de copeaux de chocolat noir.

OREILLONS D'ABRICOTS FOURRÉS AU COULIS DE FRAMBOISES

Antioxydants, énergisants, confort intestinal

POUR 2 PERSONNES
PRÉPARATION : 5 MINUTES
CUISSON : 10 MINUTES

INGRÉDIENTS : 3 abricots ; 3 c. à s. de coulis de framboises tout préparé (ou frais pour les courageux) ; 1 c. à s. de crème fraîche ; 1 c. à s. d'amandes en poudre ; 1 c. à s. de cassonade.

- Préchauffez le four à 180 °C (th. 6).
- Lavez les abricots et coupez-les en deux pour les dénoyauter.
- Dans une jatte, battez ensemble le coulis, la poudre d'amandes et la crème fraîche. Répartissez cette préparation dans les oreillons. Saupoudrez de cassonade.
- Disposez dans un plat allant en four. Faites cuire jusqu'à ce que la cassonade caramélise légèrement. Servez chaud ou tiède.

POURQUOI C'EST MAGIQUE

Sucrés, dorés et fondants à souhait, ces oreillons constituent un dessert idéal. Véritables petits nids garnis d'amour, ils se laisseront dévorer en un clin d'œil.

DÉS DE PÊCHE EN BROCHETTES GENTIMENT PIMENTÉES

Belle peau, tonifiants, vertus prébiotiques

POUR 2 PERSONNES
PRÉPARATION : 10 MINUTES
CUISSON : 8 MINUTES

INGRÉDIENTS : quelques piques à brochettes ; 1 pêche ; 1 banane ; ½ c. à c. de vanille en poudre ; 1 pincée de piment d'Espelette ; 1 c. à s. de miel.

- Préchauffez le four à 180 °C (th. 6), position gril.
- Pelez la pêche si elle n'est pas bio. Dénoyautez-la et coupez-la en dés.
- Pelez la banane, découpez-la en rondelles. Placez le tout dans une jatte. Ajoutez la vanille, le piment et le miel. Mélangez délicatement.
- Enfilez les ingrédients sur des piques. Faites dorer au four pendant 4 minutes par face environ. Servez chaud, grillé à souhait.

POURQUOI C'EST MAGIQUE

Les fruits grillés, légèrement caramélisés, fondent délicatement dans la bouche. En arrière-goût, le piment excite les papilles. Vous savez ce qu'il vous reste à faire…

SORBET VANILLE AU GINGEMBRE CONFIT

Désaltérant, digestif, énergisant

POUR 2 PERSONNES
PRÉPARATION : 5 MINUTES
CUISSON : 5 MINUTES
INFUSION : 20 MINUTES
PRISE : 2 HEURES

INGRÉDIENTS : 100 g de miel ; 4 à 6 morceaux de gingembre confit ; 1 gousse de vanille ; 15 cl d'eau ; quelques gouttes de jus de citron (facultatif).

- Versez l'eau dans une casserole. Versez-y le miel et diluez bien. Ajoutez la gousse de vanille fendue et les morceaux de gingembre. Portez à ébullition. Laissez infuser 20 minutes. Ôtez la gousse et laissez refroidir.
- Versez dans un bac à glace et placez au congélateur une demi-heure. Mixez la préparation. Replacez au frais 1 heure, puis formez des boules et servez avec des morceaux de gingembre confit et un jet de jus de citron si vous souhaitez une petite note réveille-papilles !

POURQUOI C'EST MAGIQUE

Super rafraîchissant, ce sorbet léger qui change de la traditionnelle glace à la vanille vous permettra de garder l'estomac et le cœur légers pour conclure un repas en amoureux. Le gingembre et le citron ne seront pas en reste pour stimuler vos pulsions !

PUR FONDANT AU CHOCOLAT NOIR ET AUX PIGNONS DE PIN

Tonifiant, bon pour la circulation sanguine, antistress

POUR 2 PERSONNES
PRÉPARATION : 10 MINUTES
CUISSON : 15 MINUTES

INGRÉDIENTS : 1 gros œuf ; 100 g de chocolat noir extra ; 75 g de farine de blé ; 75 g de beurre ; 75 g de cassonade ; 20 g de pignons de pin ; 1 belle pincée de piment d'Espelette ; 1 pincée de sel.

- Préchauffez votre four à 180 °C (th. 6).
- Faites fondre dans une petite casserole à feu très doux le beurre et le chocolat découpé en très petits morceaux.
- Placez la farine en fontaine dans un saladier. Ajoutez le contenu de la casserole, la cassonade, le piment, le jaune d'œuf, le sel.
- Faites griller les pignons de pin à sec dans une poêle antiadhésive, et incorporez-les à la préparation.
- Montez le blanc d'œuf en neige très ferme. Incorporez-le avec délicatesse à la préparation.
- Versez la préparation dans un petit moule beurré et fariné. Faites cuire 15 minutes environ, le fondant doit rester… fondant à cœur. Savourez avec une coupe de champ' ou un thé au gingembre.

POURQUOI C'EST MAGIQUE

Le chocolat, c'est l'antidépresseur favori de toutes les filles ! Quant aux garçons, ils l'apprécieront parce qu'il contient une substance boostante : la caféine. Allez, bougez vos corps !

TARTELETTES AUX FRAMBOISES ET À LA CANNELLE

Bon transit, énergisantes, antioxydantes

POUR 2 PERSONNES
PRÉPARATION : 10 MINUTES
CUISSON : 20 MINUTES

INGRÉDIENTS : 1 rouleau de pâte à tarte toute faite ou maison pour les courageux ; 1 barquette de 125 g de framboises ; 1 pincée de cannelle en poudre ; 1 c. à s. de miel.

- Préchauffez le four à 170 °C (th. 5-6).
- Garnissez deux petits moules à tartelette de deux ronds de pâte à tarte découpés avec un bol. Cuisez à blanc au four 5 à 10 minutes.
- Pendant ce temps, placez les framboises dans une petite casserole, avec une ou deux cuillères à soupe d'eau, ainsi que la cannelle. Laissez fondre jusqu'à évaporation du liquide. Placez cette préparation dans les moules. Recouvrez de miel.
- Enfournez pour 10 minutes encore. Servez tiède ou bien frais.

POURQUOI C'EST MAGIQUE

La couleur rouge rosé des framboises rappelle le rouge passion, fusion, action ! Certains y voient même la couleur de la charmante intimité féminine… À déguster donc sans modération !

PAIN D'ÉPICE TENDREMENT MOELLEUX

Antioxydant, régénérant, confort intestinal

POUR 2 PERSONNES
PRÉPARATION : 10 MINUTES
CUISSON : 45 MINUTES

INGRÉDIENTS : 100 g de farine ; 25 g de cassonade ; 25 g de miel liquide ; 50 ml d'eau ; 10 ml de lait ; 1 pincée de bicarbonate de soude ; ½ c. à c. de cannelle en poudre ; 1 pincée de coriandre en poudre ; 1 pincée de clou de girofle ; 1 pincée de noix de muscade moulue ; 1 pincée de sel.

- Placez la farine en fontaine dans une jatte. Ajoutez les épices et le bicarbonate.
- Dans une petite casserole, faites tiédir l'eau. Diluez-y le miel et la cassonade. Ajoutez le lait hors du feu.
- Incorporez alors ce sirop au contenu de la jatte, progressivement, en mélangeant avec une cuillère en bois.
- Beurrez et farinez un petit moule à cake d'amoureux (pour 2 personnes), et versez-y la pâte réalisée. Faites cuire 45 minutes (en le piquant avec un couteau, la lame doit ressortir sèche). Découpez en tranches, et servez.

POURQUOI C'EST MAGIQUE

Avec autant d'épices, Madame et Monsieur ne pourront que monter au septième ciel (voire au-delà). Et puis ce cake est particulièrement fondant en bouche… C'est un peu comme si le bon Dieu vous descendait dans la gorge en culotte de velours !

Élixirs d'endurance sans alcool (à prendre avant d'aller au lit !)

SOUPIR D'AMOUR AU CACAO

Antioxydant, tonifiant, revigorant

POUR 2 PERSONNES
PRÉPARATION : 5 MINUTES
CUISSON : 8 MINUTES

INGRÉDIENTS : 60 g de chocolat à 70 % de cacao minimum ; 1 c. à s. de cacao en poudre non sucré ; 2 c. à s. de cassonade ou de rapadura (ou de sucre blanc si vos placards sont vides…) ; 1/3 de litre de lait ; 5 cl de crème fraîche liquide ; 1 pincée de cannelle moulue.

- Cassez le chocolat en petits morceaux. Placez-les dans une petite casserole, avec le lait. Faites fondre à feu très doux en remuant constamment.
- Une fois le chocolat fondu, incorporez le cacao en poudre petit à petit sans cesser de remuer. Ajoutez la crème fraîche et la cannelle, portez au seuil de l'ébullition 2 minutes. Mixez le tout si la préparation n'est pas complètement homogène. Cela rendra le chocolat bien mousseux.
- Versez dans deux jolies tasses, ajoutez une belle noix de chantilly si le cœur vous en dit, et dégustez.

POURQUOI C'EST MAGIQUE

Le chocolat est bourré de caféine, il est très antioxydant et fait craquer les filles et les garçons. Mêlé à la crème fraîche, la cannelle et la chantilly, il va provoquer des ravages sensuels…

COCKTAIL LIBERTIN À LA MENTHE ET À L'ANANAS

Drainant, stimulant, antioxydant

POUR 2 PERSONNES
PRÉPARATION : 3 MINUTES
PAS DE CUISSON

INGRÉDIENTS : 15 cl de jus d'ananas ; 10 cl de jus d'abricot ; 1 trait de citron vert ; quelques feuilles de menthe + deux branches pour la décoration.

- Dans une petite casserole, faites chauffer les jus de fruits avec la menthe. Portez au seuil de l'ébullition. Coupez le feu et laissez infuser 5 minutes pour que toutes les propriétés stimulantes de la menthe puissent se développer.
- Versez dans deux jolis verres, décorez de deux branches de menthe, et servez.

POURQUOI C'EST MAGIQUE

Plus la menthe infuse, plus elle développe ses pouvoirs aphrodisiaques. Le jus d'ananas, fruit exotique et érotique par excellence, évoque l'amour et le sexe. Quant à l'abricot, chacun sait que c'est le petit surnom mignon du sexe de la femme.

NECTAR EXOTIQUE AU MIEL

Bon transit, antioxydant, belle peau

POUR 2 PERSONNES
PRÉPARATION : 3 MINUTES
PAS DE CUISSON

INGRÉDIENTS : 20 cl de jus de pomme ; 20 cl de jus de fruits rouges au choix (canneberge, raisin, grenade, framboise...) ; 1 pincée de cannelle moulue ; 1 c. à s. de miel ; quelques framboises fraîches ; glace pilée.

- Placez tous les ingrédients dans un shaker, à l'exception des framboises fraîches et de la glace pilée
- Versez le tout dans deux tumblers, sur de la glace pilée. Ajoutez les framboises, un mélangeur, une paille, et servez.

POURQUOI C'EST MAGIQUE

Un cocktail sucré sans excès, vitaminé en diable, qui permet de tenir la route (et l'oreiller) le temps nécessaire qu'il faudra à Monsieur et Madame pour être totalement rassasiés de s...

COULEUR CAFÉ

Excitant, stimulant, tonifiant

POUR 2 PERSONNES
PRÉPARATION : 3 MINUTES
PAS DE CUISSON

INGRÉDIENTS : 15 cl de café arabica ; 2 c. à s. de miel ; 30 cl de lait ; 1 c. à s. de crème fraîche liquide ; 1 pincée de gingembre moulu ; 1 c. à c. de cacao maigre non sucré ; glace pilée.

- Placez tous les ingrédients dans le bol du mixeur, à l'exception du cacao. Mixez bien le tout.
- Versez dans des verres type « *old fashioned* » (petit tumbler) sur de la glace pilée.
- Saupoudrez de cacao et servez avec un mélangeur.

POURQUOI C'EST MAGIQUE

Quand on évoque les termes de « couleur café », l'esprit divague illico vers la chanson si sexy de Gainsbourg. Résolument convaincant…

NUIT BLANCHE

Antioxydant, vitaminé, belle peau

POUR 2 PERSONNES
PRÉPARATION : 3 MINUTES
PAS DE CUISSON

INGRÉDIENTS : 40 cl de lait d'amandes ; 2 c. à s. d'amandes en poudre ; quelques amandes effilées pour la décoration ; 1 pincée de clou de girofle moulu ; 1 pincée de cannelle ; 2 c. à s. de miel ; quelques gouttes d'extrait naturel de vanille.

- Dans un shaker, placez tous les ingrédients, à l'exception des amandes effilées. Frappez.
- Faites griller les amandes à sec dans une poêle antiadhésive.
- Versez le lait d'amandes dans des verres à cocktail. Placez à la surface les amandes effilées grillées. Servez.

POURQUOI C'EST MAGIQUE

Rien que quatre ingrédients aphrodisiaques dans ce délice aux amandes, sans doute l'un des meilleurs fruits oléagineux. On peut aussi, pour varier les plaisirs, faire chauffer les ingrédients dans une petite casserole, en hiver, par exemple, pour se réchauffer au coin du feu sur une peau de bête !

THÉ ÉPICÉ À LA MENTHE

Favorise la production d'hormones du désir, stimulant, bon transit

RECETTE PIMENTÉE, ATTENTION AUX PAPILLES SENSIBLES !
POUR 2 PERSONNES
PRÉPARATION : 2 MINUTES
CUISSON : 3 MINUTES
INFUSION : 5 MINUTES

INGRÉDIENTS : ½ litre d'eau ; 10 g de gingembre frais pelé ; 2 c. à s. de thé nature (vert ou noir) ; 1 pincée de noix de muscade moulue ; 1 pincée de coriandre moulue ; 1 pincée de poivre ; 1 pincée de piment de Cayenne ; quelques feuilles de menthe fraîche ; 2 c. à c. de sucre, de cassonade ou de sirop d'agave.

- Découpez le morceau de gingembre en rondelles.
- Faites chauffer l'eau au seuil de l'ébullition. Jetez-y le thé, les rondelles de gingembre, la noix de muscade, la coriandre, les feuilles de menthe, le poivre et le piment de Cayenne. Laissez infuser 5 minutes.
- Filtrez, sucrez et versez dans deux tasses.

POURQUOI C'EST MAGIQUE

La menthe très infusée a des vertus stimulantes incroyables. Le gingembre donne le coup de boost complémentaire ; quant au piment, il vous donnera chaud !

DÉLICE AU THYM ET AU CITRON LÉGÈREMENT POIVRÉ

Détoxifiant, digestif, stimulant

POUR 2 PERSONNES
PRÉPARATION : 2 MINUTES
CUISSON : 3 MINUTES
INFUSION : 5 MINUTES

INGRÉDIENTS : 20 cl d'eau ; 2 branches de thym ; 1 trait de jus de citron ; 2 c. à s. de miel ; 1 pincée de poivre.

- Faites chauffer l'eau. Quand elle arrive au seuil de l'ébullition, plongez-y les branches de thym. Laissez infuser 5 minutes.
- Ôtez les branches de thym et éventuellement les petites feuilles, avec un chinois.
- Ajoutez le jus de citron, le miel et le poivre. Mélangez bien.
- Versez dans des tasses raffinées et dégustez les yeux dans les yeux…

POURQUOI C'EST MAGIQUE

Le thym a des vertus antiseptiques indéniables, et c'est également un excellent purificateur de l'haleine, ce qui peut aider quand on a dégusté un menu riche en ail ! Il se marie parfaitement au poivre qui, lui, vous donnera un sacré coup de chaud !

Élixirs d'endurance avec alcool (à prendre avant d'aller au lit !)

VIN CUIT SAVAMMENT ÉPICÉ

Antioxydant, énergisant, digestif

POUR 2 PERSONNES
PRÉPARATION : 5 MINUTES
CUISSON : 10 MINUTES

INGRÉDIENTS : 15 cl de bourgogne ; 5 cl d'eau ; 15 g de miel de romarin ; 2 clous de girofle ; quelques feuilles de coriandre ; 1 pincée de noix de muscade moulue ; 1 pincée de poivre ; glace pilée.

- Lavez, essuyez et ciselez la coriandre.
- Placez tous les ingrédients dans une petite casserole. Faites chauffer jusqu'à frémissement et maintenez à petits bouillons 5 minutes. Filtrez.
- Disposez la glace pilée dans deux verres à cocktail et versez la préparation refroidie par-dessus.

POURQUOI C'EST MAGIQUE

Ce succulent petit vin cuit glacé vous aidera à digérer votre repas d'amoureux – le romarin a des vertus particulièrement digestives. Quant aux épices, vous devez vous douter qu'elles n'ont pas pour objectif de réfréner vos ardeurs !

ÉLIXIR À LA CANNELLE

Ami du transit, antioxydant, digestif

POUR 2 PERSONNES
PRÉPARATION : 5 MINUTES
PAS DE CUISSON

INGRÉDIENTS : 10 cl de rhum ambré ; 1 belle pincée de cannelle ; 30 cl de jus d'orange ; 1 pincée de clou de girofle moulu ; 1 c. à s. de miel, de sirop d'agave ou de cassonade ; 2 bâtons de cannelle pour la décoration ; 2 branches de menthe fraîche pour la décoration ; glace pilée.

- Dans un shaker, placez tous les ingrédients à l'exception des bâtons de cannelle. Frappez.
- Versez dans des verres « *old fashioned* ».
- Décorez chacun d'un bâtonnet de cannelle. Ajoutez une branche de menthe et servez.

POURQUOI C'EST MAGIQUE

Le rhum et l'orange ont toujours fait bon mélange, pourquoi s'en priver ? Réhaussés de cannelle, ils tracent une voie royale vers le paradis ! Croquez donc les feuilles de menthe après dégustation pour recouvrer une haleine de rêve (attention aux petits morceaux de feuilles qui pourraient rester coincés inopinément entre les dents ☺).

SOUPE DE CHAMPAGNE AUX FRAMBOISES

Euphorisante, énergisante, antifatigue, amie du transit

POUR 2 PERSONNES
PRÉPARATION : 5 MINUTES
PAS DE CUISSON

INGRÉDIENTS : une demi-bouteille de champagne ; 5 cl de cointreau ; 5 cl de sirop de sucre de canne, de sirop d'agave ou de miel liquide ; 3,5 cl de jus de citron vert ; 5 cl de jus d'orange ; 50 g de framboises.

- Placez le champagne au frais dans sa bouteille non débouchée.
- Dans un joli saladier, versez le sirop de sucre de canne, le cointreau, le jus de citron et le jus d'orange. Placez au frais 1 heure au moins.
- Ajoutez ensuite le champagne et les framboises.
- Versez dans de jolies coupes glamour, trinquez et aimez-vous.

POURQUOI C'EST MAGIQUE

Ça pétille, c'est sucré, c'est léger, ça se boit sans soif… Quant aux framboises, elles viennent gentiment craquer sous la dent, laissant en bouche un petit goût acidulé. C'est sûr, vous allez adorer !

TEQUILA HOT

Stimulante, antioxydante, réchauffante

POUR 2 PERSONNES
PRÉPARATION : 10 MINUTES
PAS DE CUISSON

INGRÉDIENTS : 7 cl de tequila ; 15 cl de jus de fruits rouges ; 15 cl de jus d'ananas ; 5 cl de jus de citron vert ; quelques gouttes d'extrait naturel de vanille ; quelques branches de menthe ; 1 belle pincée de piment de Cayenne ou d'Espelette moulu ; glace pilée.

- Dans un shaker, placez ensemble le jus de fruits rouges, le jus d'ananas, la tequila, le jus de citron vert, la vanille, le piment et la glace pilée. Frappez.
- Versez dans un tumbler, décorez d'une branche de menthe fraîche et servez. Rajoutez de la glace pilée si nécessaire.

POURQUOI C'EST MAGIQUE

La tequila évoque une fameuse chanson sur laquelle bon nombre de générations ont remué du popotin en suçant autre chose que de la glace. C'est un alcool festif et sensuel par excellence, relevé avec brio par un soupçon de piment. La menthe et le jus d'ananas ajoutent une petite note parfumée et exotique, quand le jus de fruits rouges, lui, vient aciduler comme il se doit cette divine boisson.

IRISH SECRET

Énergisant, euphorisant, vitaminé

POUR 2 PERSONNES
PRÉPARATION : 3 MINUTES
CUISSON : 5 À 10 MINUTES

INGRÉDIENTS : 10 cl de whiskey ; 4 c. à c. de miel liquide ; 1 tasse de café noir ; 2 c. à s., bien belles, de crème chantilly (maison ou toute faite) ; 1 c. à c. de cacao en poudre non sucré.

- Dans une petite casserole, faites chauffer le whiskey sans le faire bouillir, avec le miel.
- Ajoutez le café et remuez doucement.
- Versez dans un verre passé sous l'eau très chaude, puis nappez de chantilly. Saupoudrez de poudre de cacao. Servez avec une paille.

POURQUOI C'EST MAGIQUE

L'alcool, c'est bien connu, donne un sacré coup de fouet. Eh bien ! chaud, c'est encore mieux ! Dégustez ce bonheur un soir d'hiver à la maison, fermez les yeux, imaginez-vous en Irlande, et laissez la magie opérer...

PHILTRE D'AMOUR ANCESTRAL

Tonifiant, prébiotique, antistress

POUR 2 PERSONNES
PRÉPARATION : 5 MINUTES
CUISSON : 10 MINUTES

INGRÉDIENTS : quelques gouttes d'huile essentielle de vanille ; 100 g de cacao en poudre non sucré ; ½ litre de lait ; 4 c. à s. de miel liquide ; 1 pincée de piment de Cayenne ; 15 cl de rhum ambré.

- Faites chauffer le lait dans une casserole, avec l'huile essentielle de vanille.
- Ajoutez le cacao en poudre non sucré et remuez bien, avec un petit fouet si nécessaire.
- Adjoignez le miel et les épices, mélangez bien, terminez par le rhum, mélangez encore, et buvez bien chaud en vous regardant dans les yeux…

POURQUOI C'EST MAGIQUE

Le philtre d'amour… On en rêve tous ! Eh bien ! voici une recette authentique et traditionnelle qui, même si elle ne vous promet pas l'amour éternel partagé, aura le privilège de booster votre sensualité pour quelques heures, quelques mois… ou pour la vie entière ?

TABLE DES MATIÈRES

Dans la même collection, aux éditons Leduc.s

Mes petites recettes magiques au gingembre

Pascale de Lomas

Prix : 6 €
Nombre de pages : 208
Format : 11 x 17,8 cm
ISBN : 978-2-84899-570-0

Il est arrivé chez nous précédé de sa sulfureuse réputation d'aphrodisiaque. En Asie, sa terre d'origine, il est reconnu d'utilité publique, tant il soulage les petits et grands maux : migraines, nausées, rhumatismes, fatigue physique et morale, courbatures. Aujourd'hui nous découvrons son formidable pouvoir antioxydant, qui freine le vieillissement de nos cellules et ses vertus anticancer.

Au programme :

- Tout ce qu'il faut savoir sur le gingembre.
- Les 13 bonnes raisons de consommer du gingembre tous les jours.
- Et bien sûr, des recettes délicieuses et simplissimes.

Et aussi, aux éditons Leduc.s

Comment la rendre folle (de vous)

Gérard Leleu

Prix : 6 €
Nombre de pages : 224 pages
Format : 11 x 17,8 cm
ISBN : 978-2-84899-207-5

Comment le rendre fou (de vous)

Gérard Leleu

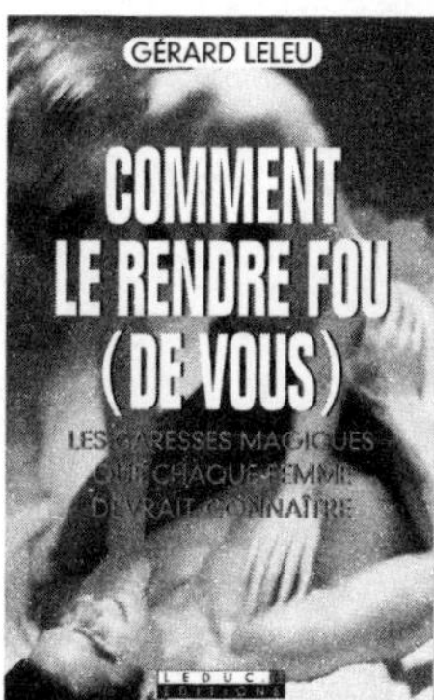

Prix : 6 €
Nombre de pages : 224 pages
Format : 11 x 17,8 cm
ISBN : 978-2-84899-145-0

Les jeux entre amoureux, c'est malin

Marion Dumas

Prix : 6 €
Nombre de pages : 208
Format : 11 x 17,8 cm
ISBN : 978-2-84899-594-6

Les jeux entre amoureux permettent d'entretenir la flamme, de booster sa vie de couple, de susciter le désir, d'apporter de l'originalité et de la folie aux préliminaires... Et c'est tout l'objet de ce livre qui propose avec humour, amour et glamour, une multitude de récréations coquines, malines, pour aider les couples à bannir la routine.

Parmi les récréations...

- Des petites mises en scène érotiques avec jeux de rôle classiques mais efficaces (soubrette, plombier...) ou originaux (prof de fac et étudiante).
- Des jeux de câlins avec des dés, des cartes...
- Des idées de sorties ou de moments romantiques (petit déjeuner au lit, week-end surprise...).
- Et bien d'autres !

Inventivité, créativité, insouciance, sensualité, intimité, originalité... Grâce à ce livre, la flamme de l'amour ne s'éteindra jamais !

Vous voudriez recevoir notre catalogue par la Poste ? On vous l'enverra avec grand plaisir. Il vous suffit de photocopier, recopier ou découper ce formulaire et nous le retourner complété à :

Éditions Leduc.s, 17 rue du Regard, 75006 Paris

NOM : ....

PRÉNOM : ....

ADRESSE : ....

....

CODE POSTAL : ....

VILLE : .... PAYS : ....

Si vous souhaitez être tenu au courant de nos publications et de l'actualité de nos auteurs, et/ou recevoir notre catalogue au format PDF, complétez les champs ci-dessous :

E-MAIL : .... @ ....

Nous souhaiterions mieux vous connaître :

Quelle est votre ANNÉE DE NAISSANCE : ....

et votre PROFESSION : ....

Magasin dans lequel vous avez acheté *Mes petites recettes magiques aphrodisiaques* :

....

Nous sommes à votre écoute : faites-nous part de toutes vos suggestions et votre avis sur le livre que vous venez de lire :

....

....

....

....

À .... LE ....

MERCI ET À BIENTÔT !

Vous pouvez aussi répondre au formulaire disponible sur Internet : **www.editionsleduc.com** ou prendre contact avec notre service client à **info@editionsleduc.com**.

Achevé d'imprimer en Espagne par
BlackPrint CPI Ibérica S.L.
Sant Andreu de la Barca (08740)
Dépôt légal : janvier 2013